Dimitra Kotoula

The Slow Horizon That Breathes

Translated from Greek by Maria Nazos
With an introduction by A.E. Stallings

 WORLD POETRY

First Edition, First Printing, 2023
ISBN 978-1-954218-16-1

World Poetry Books
New York, NY
www.worldpoetrybooks.com

Distributed in the US by SPD/Small Press Distribution
www.spdbooks.org

Distributed in the UK and Europe by Turnaround Publisher Services
www.turnaround-uk.com

Library of Congress Control Number: 2023940434

Cover artwork by Alexios Mainas, *The Night-butterfly of Scripture
Immerses Itself into Grief (detail)*, 2014. Courtesy of the artist.

Cover design by Andrew Bourne
Typesetting by Don't Look Now
Printed in Lithuania by BALTO Print

World Poetry Books publishes exceptional translations of poetry
from a broad range of languages and traditions, bringing the work
of modern masters, emerging voices, and pioneering innovators
from around the world to English-language readers in affordable
trade editions. Founded in 2017, World Poetry Books is a 501(c)(3)
nonprofit and charitable organization based in New York City and
affiliated with the Humanities Institute and the Translation Program at
the University of Connecticut (Storrs).

Table of Contents

Tender Lavish Power: The Poetry of Dimitra Kotoula

DIMITRA KOTOULA, BORN IN KOMOTINI in 1974, a few months after the Greek military junta fell, published her debut poetry collection, *Three Notes for a Melody*, in 2004, the year that Athens hosted the summer Olympics. That year proved to be a turning point for Greece. It was a time of naïve optimism in the future, fueled by euphoria at having joined the Eurozone in 2001 and the success of the Games; instead, near economic collapse loomed only a few years later. Kotoula—with an unusual reticence for a young Greek poet—did not publish her next collection, *The Constant Narrative*, until 2017, by which time an economic crisis-cum-depression had held Greece in its death grip for close to a decade. These two collections, however, were already sufficient to ensure Kotoula's place as one of the poets to reckon with in her generation, a poet of high modern seriousness and lyric grace, who yokes intellectual and philosophical concerns to physical sensuality. *Feminist* is also a word that pops up in descriptions of Kotoula's work, by which perhaps we mean an unapologetic female gaze and point of view infusing her work. The three American poets she has translated into Greek—Jorie Graham, Louise Glück, and Sharon Olds—could serve as keys to her own gifts, three mystic godmothers associated respectively with Kotoula's distinctive qualities: lacunose cerebral abstraction, direct lyric authority, and engagement with the body and its desires.

Kotoula's generation of Greek poets, whose birth or early childhoods coincided with the rebirth of Greece's own fragile democracy, and whose artistic maturity coincided with the years of "crisis," might well be called the Crisis or Austerity Generation. This is a generation that never, as adults, experienced the (sometimes kitschy and touristy) Greek prosperity of the '80s and '90s, and who, if they remained in Greece—many chose to leave during the years of dismal unemployment and Greece's "brain drain"—had few opportunities to pursue the professions for which their high level of education had equipped them. (Kotoula, I note, studied Archaeology and the History of Art.) They also faced, within Greece (I say this as an outsider), something of an entrenched gerontocracy among literary institutions and prize-giving bodies. What this generation tends to share, therefore, is an almost cynical skepticism of careerism, a passionate belief (or absurdist faith) in the work for its own sake, and an acute and sometimes ironic historical sense, being the children and grandchildren of people who had experienced military dictatorship, civil war, famine, and German occupation. These are also poets who often have excellent English—the lingua franca, as it were, of the larger poetic world—and for whom writing in Greek and for a Greek audience can be considered a conscious choice.

One of the things that impresses me about Kotoula's work is its confident sense of its place in Greek arts and letters, being in dialogue with, for instance, George Seferis and C. P. Cavafy, with whom Kotoula shares a tragic historical sensibility. "Summon Mr. Seferis to speak with diplomatic calm of our European Hellenism," Kotoula asserts in one poem. More indirectly, Seferis's poetry also haunts Kotoula's Greek landscape, with the sea and the cicada, the sun on marble "spreading an intelligent shadow over the reliefs."

Kotoula engages with Cavafy even more intimately, entering the poet's mind in an ekphrastic poem at two removes, responding to Cavafy's poem "On Board Ship," in which the poet, looking at "this little pencil portrait. / Hurriedly sketched, on the ship's deck" remembers a beautiful young man "sensitive almost to the point of illness," from an afternoon long faded into the past. Kotoula, though, rather than having Cavafy remember these things from long ago, has him try to forget. Paradoxically, the poet

(Cavafy-cum-Kotoula) fetches up instead an even more visceral and specific recollection that becomes reenactment, reincarnation:

> (*the youth unclasps his hair*
> *banishes memory*
> *face dampened by laughter*
> *with bite marks yet from the light*
> *beneath the flesh*)

The ekphrastic is one of Kotoula's primary modes, and where she departs most perhaps from her major Greek models. Landscapes are arguably one kind of ekphrasis, and there is a more traditional kind in "The Body of Dead Christ in the Tomb," after the Hans Holbein the Younger painting; perhaps most interestingly, as a kind of genre crossover, we have the "Head of a Satyr," an anti-ekphrastic persona poem in the voice of the important, and deeply troubled, modern Greek sculptor Yannoulis Chalepas (1851–1938). From the marble-carving island of Tinos, Chalepas had a promising beginning to his career, studying in Athens and then the Munich Academy of Fine Arts, before he lost his scholarship and, in 1876, had to return to Athens. Two years later, he suffered a mental breakdown, and began destroying his own works:

> It is 1878.
> The Acropolis exists.
> This country exists (does it?)
> *under watch*—so be it!—
> and *in crumbling condition.*

It was impossible to read or hear these lines in the midst of the Greek crisis as I did at a reading in 2013—and not feel that they gestured to the punitive and soul-crushing austerity measures of that era. When Chalepas did regain his wits and his creativity, in his "post-sanity" period, one of his first acts was to return again to Athens and prostrate himself before the Acropolis, a symbol, for him, of health and reason.

Kotoula reminds us of the "relentless weavings of time / in and out of History." "History persists," she writes in one poem, and in another she refers to the "wail of History." Even so, it is surprising to find, as we do here, a poem that engages from a nonpartisan perspective with the Greek Civil War—a somewhat taboo subject in itself. For Kotoula, it is the innocent bystanders of history, the civilians caught up in its crushing gears and cogs, that elicit empathy and engagement. This position of being caught between sides also manifests itself in "The Poems of Yes and No," a poem that addresses the absurdity of the 2015 Greek referendum, where everyone seemed to be passionately voting "yes" or "no," but each to a separate, private question. Pulled, perhaps, between the "Right" and the "Left," Kotoula finds the spot-on deep literary metaphor, "boustrophedon," deep in the Greek language and alphabet itself:

> Now I write as the ox plows:
> left to right in one line, right to left in the other—

Few poets are so good at writing about contemporary events while holding them at arm's length, squinting at them through the ironic monocle of the Muse of History.

Maria Nazos, herself a talented and accomplished poet, proves an ideal translator to bring these difficult, delicate, durable poems into English. Nazos's own well-tuned poetic ear in English, her humility in her collaborative approach with the poet, and her deep experience with Greek—arguably her mother tongue, even if long submerged—mean that English readers have much to be grateful for here. Even readers with Greek, who will be able to compare and contrast, making their own triangulations, will find their understanding enhanced by Nazos's interpretations. Above all, readers of this volume will be able to bask in these poems' "tender lavish power."

—A.E. Stallings

The Slow Horizon That Breathes

Τοπιογραφίες Ι

Είναι μια παγωμένη μέρα.

Μια άψυχη φτερούγα πρωινού φωτός
αιωρείται κοινότοπα
αντιστέκεται.
Μυρωδιά πάχνης και τα κόκκινα φύλλα της πλατανιάς
  αχνίζοντας.
Νεαρά αυλάκια υδαρούς πρώτης ύλης
τα χέρια μου
κατευθείαν δοσμένα σε μένα
διαβρωμένα από επιθυμίες
δοκιμασμένα από λασπώδεις τρυφηλές νοσταλγίες
εντεταλμένα προσανατολίζονται.
Μένοντας πιστός σ' αυτό το φως
μαθαίνω πιο σωστά τον εαυτό μου
θυμάμαι πιο σωστά τον εαυτό μου
έξω από κάθε πρόβλεψη και το πραγματικό.
Ήσυχα που καπνίζει το φθινόπωρο.
Το δάσος της ερεθισμένης μου σκέψης ταράζεται πάλι.
Υπερίπταται.
Ο ήχος ένα κόκκινο που σβήνει μέσα στο στόμα μου.
Κλείσε τα μάτια
Κλείσε καλά τα μάτια στην-

Εγώ εσύ κι αυτό.

Μια χούφτα θλίψη σκορπίζεται πάνω απ' τη θάλασσα.
Η θάλασσα έχει έναν θρίαμβο.
Εμείς δεν έχουμε κανέναν.
Ένα ζευγάρι μόνο τα χέρια μας

Landscapes I

It's an icy day.

A lifeless wing of morning light
hangs there, mundane
stubborn.
The smell of frost and the red leaves of the plane tree
    steaming.
Fresh furrows of soggy raw material
my hands
held straight out before me
devout and servile
worn by desire
sullied by the mud of self-indulgent nostalgia
gather their bearings.
Staying faithful to this light
I learn myself more clearly
I remember myself more clearly
beyond prediction or truth.
The autumn smoke rises serenely.
The forest of my troubled thought
rustles above me.
A sound fades red in my mouth.
Close your eyes
Close your eyes well to—

I you and this.

A handful of grief is scattered across the sea.
The sea is glorious.
We have no glory.

άσπρα μέσα στα πράσινα
διαβρωμένα από επιθυμίες
δοκιμασμένα από λασπώδεις τρυφηλές νοσταλγίες
δανεισμένα χέρια
ζουν
για μια στιγμή λίγο λαμπρότερα
ακυρωμένα
ο μικρός βίαιος στρατός μιας επιτακτικής ασημαντότητας
ένα ζευγάρι μόνο τα χέρια μας
-χωρίς φτερά-
χέρια που ξετυλίγουν και τυλίγουν υποσχέσεις
αναγκάζοντας τη φθορά σε παραίτηση

ενώ πλαγιάζουμε
σιωπηλοί
στα σκοτεινά
και κοιταζόμαστε

ενώ κρατιόμαστε
σιωπηλοί
στα σκοτεινά

και δε ζητάει η καρδιά

-γιατί είμαστε φτωχοί-

μόνο ανασαίνει ρυθμικά

σ' αέναο σφυροκόπημα.

Only our hands a couple now
white hands amid green
worn down by desire
sullied by the mud of self-indulgent nostalgia
borrowed hands
live
for a moment, almost bright
then eclipsed
a small violent army of regal frivolity
only our hands a couple now
—but without wings—
wrapping and unwrapping promises
forcing back the decay

while we lie silently
in the dark
looking at each other

while we hold each other
silently
in the dark

and the heart asks for nothing

—for we are poor—

just breathes the rhythmical breath

of its own relentless pounding.

Causa Artis 1

Μία-μία ο αέρας επιστρέφει τις λέξεις μου
κι αυτές
   (λες και την ένιωσαν τη μήτρα τους)
γλιστρούν
      ήπιες
      καταδεχτικές
μέσα στα χέρια μου
σκαλώνουν
ξανά γύρω απ' τα δάχτυλά μου.
Το φως αλλάζει.
Τα νερά του απογεύματος γίνονται πιο ωχρά, σχεδόν άσπρα.
Α, να γινότανε
αλλά δε γίνεται να μην-
(οι ποιητές ανέκαθεν διεκδικούσαν το προνόμιο της
   μαρτυρίας)
κι εγώ έχω μιλήσει ήδη αδικαιολόγητα πολύ
εξαγοράζοντας το φόβο με ό,τι μπόρεσα
πλήξη/   ένταση/   περιέργεια/   διάρκεια/   έκσταση/
φόβο
πειθήνια υποτάχτηκα
μετακινώντας διακριτικά τον πέπλο των πραγμάτων
έσκυψα
για να δεις πως δεν υπάρχει ορίζοντας
ότι όλα είναι αυτός ο αργός
ορίζοντας πίσω μου που ανασαίνει.

Causa Artis 1

The wind returns my words one by one
and the words
    (say that they sensed their origin)
slide
        mercifully
        gently
into my hands
tangling
around my fingers.
The light changes.
The afternoon waters grow pale, almost white.
O, I wish it could happen
it's impossible not to—
(the poets have always claimed the privilege of bearing
    witness)
and I have said too much
bribing fear with whatever I could
apathy/   intensity/   duration/   curiosity
                                    fear

I remained obedient
by subtly moving the veil of things
        I leaned
so you see: there is no horizon
all is this slow
        horizon behind me that breathes.

Μπλε

με τον τρόπο του Paul Auster

Όχι
στην έξαψη της φλόγας
ή την παραφορά της ομορφιάς
αλλά

Ανάμεσα σε θάνατο και θάνατο
τί ήταν αυτό που έφεγγε πικρό
και που πικρό
κρατήθηκε στο μάτι που κοιτάζει
η ακατάσχετη αιμάτωση
από ένα μπλε μοναδικό.

Θέλω να αισθανθείς αυτό το μπλε
χρώμα της άρνησης και της απόλυτης αφοσίωσης
και τίποτα άλλο
πώς έζησε μέσα μου όλη αυτή τη νύχτα
τη σκληρή αγωνία
για τίποτα άλλο έξω από αυτό
και πώς μεγάλωνε σκορπίζοντας μέσα μου
φτιάχνοντας μέσα μου ακέραια τη λέξη.

Θέλω να αισθανθείς αυτό το μπλε
χρώμα της μοναξιάς και της αβεβαιότητας
και τίποτα άλλο
ενώ ο αέρας και η γη φλογίζονται
σε μια αγοραία έξαψη της τύχης
ένας στροβιλισμός μες στην ερεθισμένη ατμόσφαιρα
που δεν την κατοικεί πουθενά.

Blue

after Paul Auster

Not
in the rapture of flames
or the furor of beauty
but—

Between death and dying
what was it glowing bitterly
and bitterly
bound itself to the gazing eye
the profuse bleeding
of a momentous blue.

I want you to feel this blue
color of negation, utter devotion
and nothing else
how it lived inside me all night long
the cruel agony
for nothing else beyond this
and how it grew spreading within me
becoming these words within me.

I want you to feel this blue
color of loneliness and uncertainty
and nothing else
while the air and earth inflame
a sudden blooming
in the irate atmosphere
a swirling in the churning air

Και να πρέπει εγώ να σου το πω
να πρέπει να ονοματίσω τη συνάντηση
αφού αυτή τη νύχτα ένα χρώμα
κι εκείνο το κάτι το αιώνιο
που οριστικά έχουμε χάσει μέσα του-

Αδύνατο να το ακούω άλλο.

Η γλώσσα μάς απομακρύνει αμετάκλητα από ό,τι είμαστε
και κάθε λέξη είναι ένας άλλος τόπος
κάτι που μετατοπίζεται
εύγλωττο και βλοσυρό σ' αυτό
πιο ακέραια
πιο τυφλά από το μάτι.

Και πουθενά μέσα στα πράγματα γαλήνη δεν υπάρχει.

Και πουθενά μέσα στα χρώματα αυτό το μπλε.

Και τίποτε δε σώζεται ονοματίζοντάς το
ούτε καν αυτές οι λέξεις
που σου τις λέω -απόψε-
παράξενα συγκινημένος
παρασυρμένος από αυτό
και πως μεγάλωνε
μια τρυφερή σπάταλη δύναμη
σκορπίζοντας μέσα μου

και

τίποτε δε θα σου έδιναν αυτές οι λέξεις
πέρα απ' την καθαρή ενατένιση ενός χρώματος.
Και τίποτε δε θα σου έδιναν αυτές οι λέξεις

that rests nowhere.
I must tell you all about it
I must name this affair for you
since this night is that very color
and that something eternal
which we had forever lost inside it—

Impossible to hear it any longer.

Our language drifts us farther away from what we are
every word another place
something that moves
eloquent and adept
more fervently
than the blind eye.

And nowhere among these words can we rest.

And nowhere among these colors resides this blue.

And nothing begins with its mere naming
not even these words
that I keep saying to you—tonight—
strangely emotional
drifted away by this blue
how it has grown inside me
a tender lavish power
spreading from within

and

these words could give you nothing
but the pure contemplation of a color.

πέρα από τον απρόβλεπτο ορίζοντα
που είναι η άρνησή μας να πιστέψουμε
ότι κάποτε μας διέψευσαν.

Και σαν να μην ήτανε ποτέ αυτές οι λέξεις.

Και σαν να μην ήτανε ποτέ αυτό το μπλε.

And these words could give you nothing
but the volatile horizon
where we refuse to believe
that they had failed us.

As if these words have never been.

As if this blue never was.

Το Σώμα του Νεκρού Χριστού στον Τάφο
(Hans Holbein ο Νεότερος, 1521, Λάδι σε Ξύλο,
Kunstmuseum Öffentliche Kunstsammlung, Basel)

«Ο τάφος μου είναι χτισμένος κατά το νοτιά
άμα σε βρει χειμώνας– έλα».

Μυρίζει φρέσκια μαλακή φθορά.

Από απόσταση δεν μπορείς να διακρίνεις τη γραμμή των
    βλεφάρων
τον κόμπο της αναπνοής μέσα στο μαύρο των χειλιών.
Το πρόσωπο ακουμπά σχεδόν την υγρή πέτρα.
Βλέπει ακριβώς ό,τι πρέπει να δει.
Δεν ξέρω να πω τι βλέπει.
Λίγο πιο πάνω
λουλούδια από καθαρό άνεμο και άλλα
    (πολύ τρυφερά για να τα ονοματίσουμε πλάσματα)
ανανεώνουν την ατμόσφαιρα
προστατεύοντας τον ομφάλιο Θεό απ' την ανθρώπινη σάρκα
    του.
Παρατηρώ.
Το χέρι που διστάζει.
Το δάχτυλο (νεκρό) αδημονεί.
Ξέρουν πότε η σάρκα μετατρέπεται σε γνώση.
Τι ψιθυρίζουν τα χείλη της επιθυμίας χαμηλά
στη μεταξένια βουερή θηλή

κι εσύ-

Δεν είναι εσύ ένα τέλειο πλάσμα
από λογική   από αλήθεια

The Body of Dead Christ in the Tomb
(Hans Holbein the Younger, 1521, Oil on Wood,
Kunstmuseum Öffentliche Kunstsammlung, Basel)

> *"My grave looks to the south
> if winter finds you—come."*

It smells of soft, fresh rot.

From afar, you can't make out the line of eyelid
the knot of breathing inside the black lips.
The face almost grazes the wet stone.
He sees exactly what he should.
I cannot tell what he truly sees.
Above ground
flowers made of fresh air and others
    (too delicate to be named earthly beings)
blossom in the air
protecting the human-god from his mortal flesh.
I notice.
The hand hesitates.
The finger (dead) yet anxious.
They know when flesh grows into knowledge.
What the lips of hushed desire whisper
to his pristine silk-covered sex

and you—

Aren't you perfect, a perfect being
made of logic   born of truth
It's not you who begins   here
in the upper left corner of this page

Δεν είναι εσύ που ξεκινάς   εδώ
στην πάνω αριστερή γωνία αυτής της σελίδας
        χωρίς την ανάμνηση καμιάς αφής
        έχοντας διασχίσει αδρανείς εκτάσεις μέσα σε νύχτα
(κλεμμένα λόγια) (γέλια) (προσευχές) (τους θρήνους)
μια λευκότητα
χωρίς φως-

ενώ η γραφίδα αυτή έχει μπηχτεί
                (οριστικά)
                        μέσα στις μέρες σου
ενώ η βροχή εδράζεται
                (οριστικά)
                        μέσα στο σώμα σου-
εσύ
έξω απ' τη βία του κανόνα
κι εξαλείφοντας με επιμέλεια κάθε σημάδι πίσω της
έχοντας αμφιβάλλει   βάλλει   αστοχήσει   ενσκήψει
    φτιάξει
(κόκκινο ανάβει το λουλούδι της σκέψης πάνω στη σκέψη σου)
έχοντας φτιάξει επαρκώς
ποιος είναι που θα πει
ότι αυτός εδώ ο νεκρός-

Πάλι: Βάλ' τα ψηφία στη σειρά:
Άρχισε: Πάλι:
Νέες λέξεις υποκαθιστούν τις λέξεις κάθε πρωί
αποσπώντας το ιδιωτικό απ' την αιωνιότητα.
Πυκνός ο αέρας της αυγής γεμίζει το γρασίδι χάδια.
Ο φόβος
        γιατί (και στη σκέψη αυτή μια παράδοξη τρυφερότητα
        σπαρτάρισε μέσα σου)
φόβος σε κατέχει

without the memory of any touch
having crossed drowsy lands in darkness
(stolen words)   (laugher)   (prayers)
    (laments)
a whiteness
with no light—
    while this pen has lodged itself
(is this the end?)
into your days
while the rain settles
(is this the end of it?)
inside your body—
you
free of hurried constraints
carefully erasing every single mark left behind
having doubted   or not   erred   having let this
    happen
created
(*red lights up the flower of your thought upon thinking*)
having created *well enough*
who is it that will say
that this dead Christ here—

Again: Put the alphabet in order:
Begin: Again:
New words replace old words each morning
wrenching privacy from eternity.
The dense morning air floods the grass with caresses.
The fear
because (and with this thought, an uneasy tenderness
writhes inside you)
fear holds you

δεν είναι αληθινός.
Άπληστο κιόλας το βλέμμα συσπειρώνεται
(μέσα απ' τις διαδοχικές καμάρες του φωτός)
μ' όλο τον εαυτό επάνω του.

Θυμήσου:
εσύ είσαι η μόνη υπόθεση του έργου
η γλώσσα αυτή επινοήθηκε για να σε προστατέψει
άλλωστε
            αν η αλήθεια δεν ειπωθεί εδώ
τότε
        πού
                (σε στιγμή οξείας διαύγειας)
        πού αλλού θα έχει να στρέψεις το βλέμμα-

Σκύβεις ν' αλλάξεις τα λουλούδια στα βάζα των νεκρών.
Στάχτη σε χτυπάει στο στόμα.
Προσπαθείς να θυμηθείς.
Δύσκολα πολύ τα καταφέρνεις με τόσο λαμπερά πράγματα.
Στρέφεις το βλέμμα
(κάτι ψιθυρίζεις)
και   (ανεξήγητα ευτυχισμένος)
αφήνεις να σε παρασύρει ο ακίνητος
που δε χορεύεται ρυθμός της φθοράς.

it is not real.
Greedy, the gaze coils
(through successive slants of light)
with all itself against it.

Remember:
You're the only outline for this design
this language was made
to protect you
besides
where
if truth is not spoken here

else
   (in a moment of elusive clarity)
where else would you turn your gaze—

You bend to shuffle flowers in vases for the dead.
Your mouth now filled with ash.
You try to remember.
How you could ever manage with such shiny things.
Turn your gaze
(whisper something)
and (inexplicably blissful)
get carried away by the rhythm of decay
for you cannot dance to this static beat.

Επεισόδιο IV
(Πᾶς οἶκος Ἰσραήλ)

ἰδοὺ ἐγὼ φέρω ἐφ' ὑμᾶς πνεῦμα ζωῆ καὶ
δώσω ἐφ' ὑμᾶς νεῦρα καὶ ἀνάξω ἐφ' ὑμᾶς
σάρκας, καὶ ἐκτενῶ ἐφ' ὑμᾶς δέρμα καὶ
δώσω πνεῦμά μου εἰς ὑμᾶς, καὶ ζήσεσθε·
Εζ. 37:5—6

Κοίτα-
Κοίτα πως έρχονται να πάρουν σάρκα
αυτά τα κόκαλα

*

(η βοή, ο ήχος ανθρώπινης βοής στην ατμόσφαιρα να πληθύνεται)

*

και πνεύμα

*

Αυτοκρατορικά σαν χορευτές
και πως γλιστρούν από τη μία στην άλλη λέξη
αυλακώνοντας την ατμόσφαιρα στο πέρασμά τους
-ο αέρας να κυματίζει μες στους παράταιρους αυτούς
   αυλούς-
ξερά οστά και χωρίς ελπίδα
τώρα ξεχειλίζοντας σώμα

34

Case Study IV
(All the House of Israel)

> *Behold, I will cause breath to enter you,*
> *and you shall live. And I will lay sinews*
> *upon you, and will cause flesh to come*
> *upon and cover you with skin, and put*
> *breath in you and you shall live.*
> Ez. 37:5−6

Look—
Look how they hurry to take flesh
these bones

*

(the rumble, the sound of human cries in the air, multiplies)

*

and spirit

*

Majestic dancers
how they glide from one word to the other
slicing the atmosphere in their wake
—the air churning amid these bones like dissonant flutes—
dry bones with no hope
now overflowing with body

*

ή την επιθυμία

*

επιθυμία για ένα σώμα και το πνεύμα του.

*

Ήταν πολλοί
πολλές αβέβαιες ψυχές σε συστροφή γύρω απ' τη ρίζα τους
(η φωνή υπάρχει)
(το απογευματινό φως στην κοιλάδα υπάρχει)
(το ιδίωμα αυτό διυλισμένο μέσα της)
ζητώντας όνομα, ιστορία
λόγο
την ελευθερία που προσπαθούν να εξαγοράσουν, πάλι
έχοντας σφάλλει, πάλι
έχοντας φτάσει, πάλι
ως εδώ-

*

(που) τίποτε δεν είναι «αδύνατον» ή «δυνατόν».

*

Μια κοιλάδα σε κίνηση
(ποικίλες διαδρομές της κίνησης)
και η φωνή να βρέχει πάνω τους
-σαν κάπου από πού; ψηλά-

*

or the desire

*

desire for a body and its spirit.

*

There were many
many uncertain souls twisted around at their root
(*the voice is there*)
(*the afternoon light upon the valley is there*)
(*the idiom refined upon it*)

seeking name, history
reason
the freedom that they bargain, again
having erred, again
having arrived, again
here—

*

(where) nothing is deemed to be either "possible" or
    "impossible."

*

A valley in motion
(a valley writhing in infinite motion)
and the voice raining down upon them

άπληστη
σημαίνοντας τη διαδικασία της ενσάρκωσης
ανακεφαλαιώνοντας το μηχανισμό της
-κάθε οστό έχει τώρα την αναπνοή του-
στρέφοντας την ανθρώπινη αυτή πανοπλία
σε κάτι-άλλο-από-ανθρώπινο

*

(ξερά οστά και χωρίς ελπίδα
τώρα ξεχειλίζοντας σώμα)

*

ένα-ένα τα επικαλύμματα της φθοράς γλιστρούν
τινάζουν σάρκα
μέλη
φως λιμνάζει στους αρμούς
σφιχτά ραμμένοι οι δερμάτινοι χιτώνες αποκτούν
σχήμα

*

και πνεύμα
και το πνεύμα
εν ονόματι του θεού και της αλήθειας και της ιστορίας
εισέρχεται

*

και το αλφάβητο
να εισέρχεται
ώσπου

—as somehow from where; *high*—
greedy
marking the process of incarnation
summing up its mechanism
—each bone now has its breath—
turning this human armor
into something-other-than-human

*

(dry bones with no hope
now overwhelmed with body)

*

one by one, the coatings decay
shooting flesh
limbs
light pools in the joints
tightly sewn, the leather tunics are taking
shape

*

and spirit
and the spirit
in the name of *god* and *truth* and *history*
enters

*

and the alphabet
enters

*

η σκόνη αυτών των δευτερολέπτων

(η βοή, ο ήχος της ανθρώπινης βοής στην ατμόσφαιρα να πληθύνεται)

*

ώσπου ο ήχος των δευτερολέπτων

φτιάξει από τη γέρικη αυτή ραχοκοκαλιά

κάτι νέο.

until

*

the dust of these seconds

(the rumble, the sound of human cries in the air, multiplies)

*

until the sound of these seconds

makes from this old backbone

                                something new.

Κεφάλι Σατύρου

Έκανα όλο Σατύρους. Ήθελα να σταματήσω
το σαρκαστικό τους γέλιο που με τρέλαινε.
Γ. Χαλεπάς, 1878

Έχω κάθε δικαίωμα να μείνω μόνος
-ένα ελάχιστο πρόσωπο-
έχω κάθε δικαίωμα μόνος
να παρατηρώ
τους επιτήδειους όγκους
τα μαυρισμένα σκέρτσα πάνω σ' αυτό το μάρμαρο.
Θέλω να καταλάβω
(προσπαθώ να καταλάβω)
ό,τι βιάζεται να δώσει στο μυαλό την ελευθερία του
ό,τι -σε ακραία εκλέπτυνση-
ζητάει από το μυαλό πίσω την ελευθερία του
ολόκληρη την ιστορία
το σενάριο και το μαχαίρι.

*

Ο καλλιτέχνης το προσπάθησε.
Είμαστε στα 1878.
Η Ακρόπολη υπάρχει.
Η πατρίδα αυτή υπάρχει (υπάρχει;)
«υπό φρουράν» -έστω-
και «βαίνοντας επί τα χείρω»
το πρόσωπο διυλισμένο μέσα απ' τις πτυχές
(μπορεί σχεδόν να μαντεύει τις κινήσεις να περνούν
ακατάπαυστα   βιαστικές
σαν ολογράμματα πάνω στο μάρμαρο)

Head of Satyrs

*I made only Satyrs. I wanted to stop that
scornful laugh.*
Yannoulis Chalepas, 1878

I have every right to be left alone
—a tiny fading presence—
I alone have every right
to behold
the well-crafted volumes
the blackened scowls on this marble.
I want to understand
(try to understand)
what rushes to give the mind back its freedom
what is it—in intense scrutiny—
that asks for the mind to give its freedom back
this whole story
the scenario and the hammer.

*

The artist tried to do this.
It is 1878.
The Acropolis exists.
This country exists (does it?)
under watch—so be it!—
and *in crumbling condition.*
the face refined through layers of wrinkles
(he can almost predict the irate movements passing by
unceasingly   hastily
like holograms across the marble)

ό,τι υπάρχει θα καταλυθεί

το κάθε ένα πήλινο εκτύπωμα
το κάθε σχήμα
η ψυχή να εκτίθεται βάναυσα
στην ξαφνική αυτή επανάληψη
κατακλύζοντας τον κενό (κενό;) αέρα
τον αέρα γεμάτο κενό νόημα

μη στρέψεις/   μη το πιστέψεις/
μη ξεγελάς με τα φαντάσματα αυτά το μυαλό σου.

*

Έχω κάθε δικαίωμα να μείνω μόνος.
Έχω κάθε δικαίωμα μόνος
να παρατηρώ
αυτό το πρόσωπο
το γέλιο πάνω σ' αυτό το πρόσωπο
διαβρώνοντας τη συνείδηση
προβάλλοντας ελαστικό
ολόκληρο αυτό το γέλιο -πρώτο πρόσωπο-
βρέχοντας/   χρόνια/   το μυαλό/   να κάμπτεται
στο σημείο της έσχατης αντίστασης
που μόνο ο άνεμος μπορεί να το κάμψει.

Ο κόσμος γίνεται ολοένα και μικρότερος- σχεδόν άδειος.

(ποια είναι η άκτιστη η πρωταρχική ουσία των πραγμάτων)

Το μυαλό παύει ν' αντιστέκεται.

Τα χέρια αναπαύονται χαμηλωμένα.

everything that exists will end in ruin

each clay model
each figurine
the soul exposed brutally
to this thoughtlessness
flooding the vacuum
the air filled with meaning (hollow meaning?)

don't turn around/   don't give in/
don't fool your mind with ghosts of this kind.

*

I have every right to be left alone.
I alone have every right
to behold
this face
the laughter on this face
eroding consciousness
appearing elastic
this whole face a laugh
flooding/   years now/   the mind/   is bending
at its point of extreme resistance
that only wind can bend.

The world is becoming smaller and smaller—almost empty.

(what is the primitive essence of beings)

The mind ceases to resist.

The hands hang lifelessly.

Έχω κάθε δικαίωμα να μείνω μόνος.
Θέλω να σταματήσω αυτό το γέλιο.
Θέλω ν' ακούσω πίσω απ' αυτό.

I have every right to be left alone.
I want to stop this laughing.
I want to hear beyond it.

Ζήτημα ζωής και θανάτου
(Άμαχοι στον ελληνικό εμφύλιο χειμώνα)

Κλείνω τα μάτια.
Τίποτα
ή μάλλον όχι ακριβώς.
Κρατάω τα μάτια μου κλειστά και τα πιέζω.
Κάτι σαν ευγνωμοσύνη
(που όμως δεν μοιάζει με συναίσθημα)
σχηματίζεται μέσα σου.
Πιέζω σφιχτά και περιμένω.
Χρειάζομαι πίστη.
Δανείζομαι πίστη από τους συν-ανθρώπους μου.
Ο αέρας γεμίζει επίμονο θόρυβο.
Το παιδί κλαίει.
Εξήγησέ του
(πρέπει να του εξηγήσεις)
εδώ
μέσα στον κρύο αέρα που
ανεμίζει το διάφανο δέρμα του
ότι πρέπει
να ζήσει ή να πεθάνει.

*

Νύχτα: 2:37, 1947
μια φωνή πλάι μου που-
πενήντα χρόνια τώρα θα μπορούσες να την πεις «γλυκιά»-
επιχειρηματολογεί
ναι/ ίσως/ αν.
Η αυγή έρχεται αργά πίσω απ' τους λόφους.
Ένα-ένα ανάβουν το κόκκινο τα κεράσια πάνω στα δέντρα.
Χρειάζομαι πίστη.

Matter of Life and Death
(The Civilians of the Greek Civil War)

I close my eyes.
Nothing
but not quite nothing.
I hold my eyes closed and press.
Something like gratitude
(but can I actually feel it?)
forms within me.
I press tightly and wait.
I need faith.
I borrow faith from my fellow people.
The air swells with relentless noise.
The child cries.
She must explain
(the mother must explain to her daughter)
here
in the harsh air
where the child's thin skin quavers
that she must
live or die.

*

Night: 2:37, 1947
a voice beside me that—
fifty years now, and you could call it "sweet"—
argues
yes/   maybe/   perhaps.
The dawn rises slowly from behind the hills.
One by one, red cherries lighting up the trees.
I need faith.

Η γυναίκα φοβάται.
Ο συνάδερφος-άνθρωπος δίπλα μου φοβάται.
Αντιστέκεται/ επιχειρηματολογεί αλλά φοβάται.
Κι εγώ φοβάμαι.
Το τρένο μετράει διαδοχικά αποστάσεις μέσα στη νύχτα.
Ρυθμικές πεταλούδες καπνού αιωρούνται για λίγο
ανοίγουν
και σπάνε
«ανοίγω» όπως πληγή
όπως η αφρώδης σιωπή του μυαλού
(πότε θα στρώσουμε το τραπέζι;)
(πότε θα πλύνουμε τα βραδινά πιάτα;)
σπάω-

*

Το φεγγάρι είναι γεμάτο.
Υψώνεται περισσότερο.
Το γεμάτο φεγγάρι υψώνεται περισσότερο.
Ο ουρανός αντανακλά το χιόνι
στο χρώμα του γαλάζιου νάρκισσου.
Η πατρίδα μοιάζει να τελειώνει
(σε πλήρη σύγχυση
και έξω από τον εαυτό της)
-θα ζήσει-
ένας τρυφερός ελιγμός
προαναγγέλλοντας στην παγωνιά της αυγής
την ανθοφορία της επόμενης άνοιξης.
Είμαστε εδώ.
Είναι η ώρα να μείνουμε εδώ
ακίνητοι/ ημιτελείς/ οδυνηροί
κάτω απ' τη γέφυρα
στην άκρη
να «υπερασπιζόμαστε με τη ζωή μας» (sic)

The woman is scared.
The fellow human beside me is scared.
He resists/   argues but is scared.
I am afraid too.
The train counts successive stops in the night.
Rhythmic butterflies of smoke hover faintly
they open
then break
"open" like a wound
as the mind's sparkling silence
(when will we set the table?)
(when will we wash the evening dishes?)
opens and breaks—

*

The moon is full.
Towering higher.
The full moon rises higher.
The sky reflects snow
in the hue of blue narcissus.
The country seems to reach an end
(in utter confusion
and beyond itself)
the tiny girl shall live
a loving gesture
she will welcome the frost of dawn
the flowering of next spring.
We are here.
We have to remain here
motionless/   incomplete/   in pain
below this bridge
on the edge
"defending with our lives" [sic]

(με τις λέξεις αυτού του ποιήματος;)
το παρελθόν-
είμαι δίπλα σου/   δίπλα σ' αυτές τις λέξεις/
δίπλα σου σ' αυτό όσο γίνεται/   αδερφός σου όσο γίνεται-

*

Πρωί: 5:43, 2015
-ανοίγω παρένθεση-
Εκείνη πρέπει να του εξηγήσει
(αν και οι έννοιες δεν είναι πάντα συζητήσιμες).
Εγώ πρέπει να γράψω αυτό το ποίημα.
Είμαι τόσο περήφανη γι' αυτό!
Ένα ποίημα γεμάτο νόημα
που τα κατοπτρικά πλάσματα του εγκεφάλου
γρήγορα θα κάνουν λεία τους.
Κοιτάω τον κόσμο
(το παιδί και τη γυναίκα/   τους άλλους/
το βουβό λίπος να ζωγραφίζει τα βραδινά πιάτα)
σαν ένα θήραμα
διεκπεραιωτικά
έτσι όπως γράφεται η Ιστορία
όπως δεν είναι σωστό να χρησιμοποιούνται
(ειδικά σε τέτοιες περιστάσεις)
τα ανθρώπινα χέρια μου.
Ένα κοτοπουλάκι τριγυρίζει χαμένο πέρα δώθε
ψάχνοντας καταφύγιο για τη νύχτα.
Οι κραυγές των πουλιών αναζητούν γη να πατήσουν.
Ο ομώνυμος εχθρός τους/   ο αδερφός τους
προς στιγμήν φαίνεται να διστάζει
-κλείνει η παρένθεση-

Πρέπει να γράψω αυτό το ποίημα.

(with the words of this poem?)
the past—
I am by your side/   beside these words/
beside you, no matter what happens/   your brother, no matter what—

*

I must
Morning: 5:43, 2015
—the parentheses open—
The mother must explain to her daughter
(although concepts are not always debatable).
I must write this poem.
I'm so proud of it!
A poem full of meaning
that the mirrored creatures of the mind
soon will become its prey.
I take in the world
(the child and woman/   the others/
the silent grease that glazes the evening dishes)
as if it were spoils
to be devoured
like how history is written
though it isn't appropriate to use
(especially in such circumstances)
my human hands like this.
A chick wandering lost, low, looking for nightly shelter.
The cries of birds looking for land to rest upon.
Their kin, their enemy/   their brother
for the moment seems to hesitate
—the parentheses close—

I must write this poem.

Επεισόδιο V
(Τα Ηθικά)

Οι ταλαντώσεις στα κύματα που μας μάγευαν
μάγευαν και τη γλώσσα μας και την 'καναν λεπτή
    πιο λεπτή
        σχεδόν μια ανάμνηση.
Δεν βλέπαμε στο «Υ» τη σκοτεινή διχάλα που θα
    διαπερνούσαμε
στο «Σ» την έλευση μιας σήραγγας
ο ήχος του Θεού στη διαπασών του «Ω» και του «Ν» δεν μας
    ξυπνούσε.
Μπαίναμε στην Ιστορία με την άγνοια μιας φαντασμαγορίας.
Κάποτε έμοιαζε να ζυγώνουμε στο παρελθόν
άλλοτε όχι.
Έγκλειστοι
με τα μυαλά ανοιγμένα σαν παγίδες
δοκιμαστήκαμε απ' ό,τι δοκιμάσαμε
φτιάξαμε στίχους που μπορούν να επιζήσουν στη μετάφραση
και ηττηθήκαμε.
Άμα δεν στρέψεις πίσω την εστία στο φως
πάντα θα πέφτεις σε σκιές μπροστά σου.

*

Η άκρη απ' το σύμφωνο μπήγεται σαν ακίδα στο χαρτί
    βουίζοντας.
Η ψαλμωδία επιμένει σαν το αλέτρι γυρίζοντας πάλι και πάλι
το ίδιο ανασκαμμένο χώμα.
Δεν υπάρχει κανένα μυστήριο εδώ.
Τυφλωμένοι άλλοτε απ' τους ασπάλαθους
κι άλλοτε από τις φουρκέτες της Ιστορίας

Case Study V
(On Ethics)

The swirling of the waves lulled us
lulled our language, making it frail
so frail
almost a memory.
We didn't read the "Y" as a dark pitchfork, a path we must take
the "S," a tunnel's mouth drawing near
the sound of God blaring his name in our native tongue won't
    wake us.
We entered history as though it was a jubilee.
Once it seemed we'd merge with the past
then we didn't.
Imprisoned
with our minds gaping like traps
we suffered from what ailed us
made lyrics that can survive translation
and lost.
If you don't turn to shine your light behind you
the shadows will always fall before you.

*

The tip of the consonant drives its rumbling spike through
    paper.
The chanting endures like a plow
turning the same exhumed soil over and over.
There is no mystery here.
Blinded by aspalathus thorns
and the hairpins of History
we did not see the deafening signals that persisted

δεν είδαμε τα εκκωφαντικά σινιάλα που επέμεναν
μ' ένα νόστο σακάτη
-για πού;-
κουτοπόνηρο
και λιμασμένο βλέμμα
επινοήσαμε τον από μηχανής θεό που δεν θα μας έσωζε.

Δεν υπάρχει κανένα μυστήριο εδώ.
Δεν κράτησες κουρδισμένη τη λύρα που διδάχτηκες.

cunning
with a crippling nostalgia
—for what;—
and a voracious gaze
we created a god—deus ex machina—who did not save us.

There is no mystery here.
You didn't keep the lyre tuned as you were taught.

Μανιφέστο

Υπάρχουν συνθήκες
ανάμεσα σε σένα και μένα
και πρέπει να ειπωθούν
-όροι που μόνο η ελεγεία
που υποθάλπει το ποίημα αυτό μπορεί να γνωρίζει-
που μας χαρτογραφούν
εγκαθιδρύοντας την παραμικρή αναπνοή μας
σαν μια πολιτική πραγματικότητα
μετακινώντας αυτά τα τριαντάφυλλα
ανάμεσα σε σένα και σε μένα
λιγάκι πιο κοντά στην Ιστορία
βάφοντας άτακτα με κίτρινο χνούδι
τις λέξεις αυτού του ποιήματος
:η επόμενη μέρα:
(τα σύμβολα που κρατάς στο σακίδιό σου
δεν επαρκούν)
:το ξερό φύσημα της φλογέρας του αέρα:
(δεν έχεις πια την πολυτέλεια να μιλάς
στο όνομα κάποιου συναισθήματος για το έθνος)

Η σκέψη κλείνεται στον εαυτό της
δείχνει τ' αγκάθια της.
Ήθελα ν' αγαπήσω.
Ήθελα να σκέφτομαι την άμωμη σύλληψη εδώ
ανάμεσα σε σένα και σε μένα
λιγάκι πιο κοντά στην ιαχή της Ιστορίας.

Ύστερα ξεχνιέμαι-
παρανοώ εύθυμα.
Κοιτάω τη χούφτα μου να γεμίζει

Manifesto

There are incidents
between you and me
still to be revealed
—incidents that only the elegy
which erodes this poem can know—
that define us
announcing our faintest breath
as a political reality
moving these roses
between you and me
a little closer to History
while the petals' yellow fluff
lightly dusts the words of this poem
:the next day:
(*the symbols you keep in your backpack
are not enough*)
:just the wind's flute blowing hot air:
(*no longer do you have the luxury
to passionately engage the nation*)

The thought curls into herself
bares her thorns.
I wanted love.
To ponder an immaculate conception here
between you and me
a little closer to the wail of History.

Afterward, we forget—
naïvely deny.
As I look down at my palms

βρόμικο
σάπιο φως.

they fill with dirty
rotten light.

Επεισόδιο

I.

Το φως πέφτει χαμηλότερα τώρα-

Πάνω στο κάθετο βουνό σκιές
Η ατμόσφαιρα ήσυχη σαν πράο γάλα
και το παραπονιάρικο κοπάδι της πόλης
μηρυκάζοντας αργά στη ράχη του τίποτα.

Ανάμεσα στο στοιχείο σάρκα και την ελπίδα
στον κενό χώρο που το κενό στιγμιαία αποκάλυψε
ο νους απλώνει τις εικόνες του.

Διαιρώντας   διακρίνοντας   διαφοροποιώντας
επιχειρεί να δει
με τους ζαχαρωμένους του μυώνες ανοιχτούς
επιμένει να φτιάξει -επιτέλους-
κάτι νέο.

ο σκούρος μεσαιωνικός αέρας της πόλης
μόλις αρχίζει να ροδίζει

μια μικρή αμαρτωλή ηλιαχτίδα
περιφέρεται στον ορίζοντα σαν παλιά δόξα

Στάσου
στην από/   γοήτευση.
Φαντάσου
(αυτές οι λέξεις είναι ακόμη γεμάτες νόημα που εγώ δαγκώνω)
τη γεωμετρία της φυλής

Case Study

I.

The light falls lower now—

Shadows on the steep mountains
The atmosphere calm as meek milk
and the griping city flock
trudges through nothing.

Between reality and hope
where the empty moment was revealed
the mind spreads its images.

Dividing   distinguishing   varying
it struggles to see
with its sugary muscles open
insists to create—finally—
something new.

the dark medieval city air
just begins to blush

a sinful little sunbeam
wanders the horizon like old glory

Halt
in dis/   enchantment.
Imagine
(these words that I bite are full of meaning)
the tribe's defining geometry

σαν μια λοξή αχτίνα πρωινού φωτός
να συσπειρώνεται
ξέχειλη από συναίσθημα
μέσα απ' τις διαδοχικές καμπές του χρόνου
μέσα και έξω από την Ιστορία
:σημεία έντασης:
:σημεία χαλάρωσης:
πάνω ακριβώς στην πληγή.

πειθάρχησέ την
αυτό είναι η ελευθερία

Ο ερυθρός μυώνας του μυαλού γυάλισε
κάτι άστραψε
(δεν είσαι μόνος
ανάμεσα σε σένα και το ποίημα, Αναγνώστη
μια αιχμηρή στιγμή φως καθαρό)

το πρόσωπο στραμμένο χαμηλά
(γιατί έδωσες την υπόσχεση;)
το βλέμμα πάνω
το βήμα καρφωμένο στην καυτή λάσπη
και μπροστά
(γιατί;)
χωρίς να βουλιάζει-

merging as a skewed beam of morning light
overflowing with emotion
within the relentless weavings of time
in and out of History
:signs of tension:
:signs of leisure:
rests just upon the wound.

is this freedom?
could you tame it?

The red muscle of the mind glows
something flashes
(you're not alone
between you and the poem, Reader,
a sharp moment of pure light)

the face turned low
(why did you make that promise?)
the gaze above
the step nailed in the hot mud
and in front
(why?)
without sinking—

II.

φως
      το
διαιρώντας
          πράο
   σαν
νέο

κάτι νέο
     σαν
       λογάριασε
μέσα

   στάσου

   λογάριασε

   φαντάσου

     βουλιάζει

     σαν

II.

light
                the
dividing
                    as if
     new
something new

timid
     as if
                    you foresaw
within

     halt

     you foresaw

     imagine

                 it is sinking

                 as if—

Causa Artis 2

Ολόκληρο αυτό το πρωινό εδώ-
                    κι ακόμη.
Χρειάζεται να πιστέψεις είπε το φεγγάρι.
Τώρα είναι η πιο κατάλληλη στιγμή.

Έρχεται και ξανάρχεται
γδέρνοντας -άδειος πόνος- το μυαλό
        και σε πηγαίνει
(αφελές κορίτσι που ανέμελα ανεμίζει πίσω την κόκκινη
    σάρπα του)
χωρίς ωστόσο να μπορεί να σε πείσει
                ότι αυτή εν τέλει είναι
η στιγμή
        -μη γελάς δυνατά-
                    αυτή
που κιόλας λικνίζεται στον κόρφο της μέρας περιζήτητη.
Τί είναι λοιπόν αυτό που σε παρατηρεί
                    να το παρατηρείς
ενώ η καλοκαιρινή σκιά απλώνει σπάταλα ζητώντας
όλο το κουράγιο σου
εκθέτοντας τον εαυτό
τη λίγη χαμηλόφωνη αυτή γυμνότητα που έχεις για εαυτό
στο θάμβος του.
Ήδη η ρόδινη σάρκα του
κατοικεί αλλού
Ήδη σκορπίζεται
(ενώ μάχεται και δεν μπορεί να σε αποκλείσει)
(ενώ μάχεσαι και δεν μπορείς να το αποκλείσεις)
άφθονο και καθαρό
σαν την ιδέα που χρόνια φύλαγες λάφυρο κάτω απ' το δέρμα

Causa Artis 2

This whole morning here—
                              and still.
You must reclaim faith, said the moon.
Now here is the moment.

It comes and comes again
scraping—empty pain—the mind
                and takes you
(naïve girl who left her red robe thrashing in the breeze)
without however it can convince you
                        that this actually *is*
the moment
                —don't laugh aloud—
                                      this
which rocks back and forth in the day's bosom.
What is it then that watches you
                        that you watch
while the summer shade spreads wastefully,
asking for all of your courage
exposing the self
the little whisper of the nudity that you claim for self
amid its dazzle.
Already its rosy flesh
resides elsewhere
scattered already
(while it riles you—and still there it is)
(while you rile it—and still there you are)
pure and abundant
like the idea that you guarded loot for years beneath the skin
for you to see

για να δεις
μια μέρα σαν κι αυτή
ένα πρωινό σαν κι αυτό εδώ
                    τώρα
ότι τίποτε δεν είναι λιγότερο ικανό
από τη σκέψη.

a day like this
a morning like this one here
                          now
that nothing is less potent
than thought.

Επεισόδιο VI
(Περί Ποίησης)

Ο ήλιος απλώνει μια ευφυή σκιά πάνω στ' ανάγλυφα.
Ιδρωμένος ο ουρανός του καλοκαιριού κατεβαίνει.
Η Ιστορία επιμένει-
(σκέψου: ένα κομμάτι της ζωής σου
έχει πια οριστικά τελειώσει)
σαν ενοχλητική αλογόμυγα.
Ο μυστικός φέγγει το Θεό του
και η ψυχή των πραγμάτων
-ω, ευλογημένη αλογόμυγα-
γνωρίζει το ποίημα
και σαν αύρα λεπτή
εγκαθίσταται κάτω απ' το θόλο του.

Case Study VI
(On Poetry)

The sun spreads an intelligent shadow over the reliefs.
Sweaty summer sky descends.
History persists—
(just think: a piece of your life
has now finally come full circle)
like a bothersome gadfly.
The mystical one shines with his God
and the soul of things
—O, blessed gadfly—
knows the poem
and like a thin breeze
settles below its dome.

Τοπιογραφίες V

Το τοπίο είναι μια σκέψη σε κίνηση
μια εναλλασσόμενη κίνηση παλίνδρομη
εμπεριέχει τα στοιχεία του
στην πραγματικότητα και για το ασκημένο μάτι
αποβάλλοντάς τα.

Πήρε να σκοτεινιάζει.
Το ψαρόνι θερμαίνεται στην τροχιά της βέβαιης πτήσης του.
Ο ουρανός σκόρπισε τα άστρα του.
Οι λεύκες στάζουν τη δροσιά της αυγής.

Ένα-ένα τα τυφλά σημάδια στον ορίζοντα γίνονται φώτα.

Landscapes V

The landscape is a thought in motion
a coincidence of undulant motion
contains its elements
in fact, for the trained eye
before spewing them back.

It is getting dark.
The starling warms itself in the trajectory of its focused flight.
The sky scatters its stars.
Poplars seeping with the dew of dawn.

One by one, the horizon's blind signs become lights.

Τοπιογραφίες VI

Αναπάντεχα ψηλό το καλοκαίρι.

Ήλιος αβρών βιαιοτήτων.

Νησιά διακόπτωντας τη σιωπή.

Η γη ηδονίζεται κυματισμένη.

Landscapes VI

Stunningly high the summer.

Sun of delicate violence.

Islands interrupting silence.

The land rejoices with churning.

Τοπιογραφίες VII

... και τι να πω
και τι μπορούν να κάνουν αυτές οι λέξεις
με την οδυνηρή συνείδηση ότι είναι αθάνατες
στην άκρη μιας τόσο κομψής άγιας θάλασσας
ένα απέραντο καλοκαίρι
κατάστικτο από τζιτζίκια κι αγωνίες
διάπυρο
στην κρυστάλλινη διαύγειά του
την καψαλισμένη από τις αναθυμιάσεις της Ιστορίας
ενώ οι νεκροί του αναπαύονται εν ειρήνη
ενώ
το κυπαρίσσι
οι ασφόδελοι
και τα πουλιά
αναδύονται αιώνια μέσα σε ό,τι
-απόψε-
παίρνει νόημα μόνο για μας.

Landscapes VII

... and what can I even say
what can these words do
immortal in their painful consciousness
at the edge of such a lavish holy sea
this endless summer
pocked with singing cicadas and agony
ignited
by its crystalline brilliance
then obscured
with the fumes of history
while the revered dead rest in peace
while
the cypress
asphodels and
birds
emerge eternally within whatever
—tonight—
brings meaning only to us.

Τοπιογραφίες VIII

Αλλά—
τί θα μπορούσε να έχει τώρα πια σημασία.
Ο ήλιος βασιλεύει αγγίζοντας το τέρμα του ουρανού.
Η θάλασσα είναι πανέτοιμη.
Η στιγμή
στίλβουσα
απαστράπτουσα
ζυγιασμένη με άπειρη φρόνηση
στην άκρη του πράσινου φρέσκου φύλλου
μια σαϊτιά.

Ήμουν γεμάτος απ' το ποίημα.
Κανένας ήχος
Καμιά βοή δε βρέθηκε να το εξαργυρώσει.

Landscapes VIII

But—
what could have any meaning now.
The lowering sun grazes the edges of sky.
The sea is now ready.
The moment
polished
radiant
poised with fecund promise
at the edge of the green fresh leaf a soaring dart.

I would blossom into the poem.
No sound.
Not a noise was found to redeem it.

Το Κάλεσμα

Πολλά κρυφά νοήματα
μου έχουν -οπωσδήποτε- διαφύγει.
Λέξεις
όχι οποιεσδήποτε λέξεις
η τελειότητα της τέχνης
όχι οποιασδήποτε τέχνης
και μόνο αραιά και που
μια ακαθόριστη απόλαυση
μια ανατροπή της ισορροπίας
καθόλου οργανωμένη
και σε αντιπαράθεση με τον εαυτό της
θα περάσουν γενιές να θυμηθούμε το αίσθημα ντροπής
των πατεράδων μας.
Ανυπόφορος γίνομαι κάποτε-
σαν παράσιτα αντιλαμβάνομαι
στους δεδομένους κυματισμούς του αέρα
-Κύριε εν υψίστοις
Πάτερ Παντοκράτωρ Κύριε-
ό,τι αναπόφευκτα με ξεπερνά.

Σωσμένος από τις επιθυμίες της βούλησης
προφέρω επιτέλους το όνομά του.

The Calling

Many hidden meanings have
—nonetheless—escaped me.
Words
not just any words
the perfection of art
not just any art
and only now and then
a mystifying delight
an equilibrium shifting
not at all organized
and in confrontation with itself
generations will pass before we recall the prudency
of our forefathers.
I become unbearable sometimes—
like parasites that ripple and tear
through the churning air
I sense
—*Heavenly lord*
in Excelsis Gloria—
that which is beyond me.

Saved from the desires of resolve
I pronounce finally its name.

Τρεις Νότες για μια Μουσική

it is the greatest amongst herbs
and becometh a tree.
H.D.

Αλήθεια είναι ότι μ' αρέσει να παρατηρώ
γλιστρώντας βαθιά μέσα στη νύχτα του χρόνου
τις βλοσυρές κάμαρες με τα αρχαία σκεύη
των προπατόρων.
Δεν έχω γίνει πιο σοφός
αλλά αγαπώ ν' αφήνομαι παρασυρμένος
μες στο αργόσυρτο καμπάνισμα του καλοκαιρινού απογεύματος
στις μεγαλόπνοες συγχορδίες των ξεχασμένων ποιητών.
Ωραίος ή και μικρόψυχος
να νοσταλγώ
ό,τι ζητάει ν' αποσπασθεί
σαν ζωντανός λυγμός
έρποντας στο σκοτάδι
μετατοπίζοντας ισορροπίες
αναζητώντας
έναν άπειρο
πιο πλούσια συγκινημένο ουρανό.

Αλήθεια είναι
ότι επιμένω ακόμη να διεκδικώ
πράος
μακρινός
σαν ένας κρίνος αν το θες
εκείνο τον έσχατο
τον μόνο προορισμό
που δεν οδηγεί πουθενά

84

Three Notes for One Melody

*it is the greatest amongst herbs
and becometh a tree.*
H.D.

Truth is that I like to watch
slipping deeply back in time
into the forbidden chambers
with the ancient remains
of the forefathers.
I've not become any wiser
but I love to let myself get carried away
as the summer clarion fades
by the splendid chords of forgotten poets.
And I gracious or even wretched
long for the living sob
that tries to break away from me
crawling through the dark
shifting balances
seeking an infinite
more rich emotional sky.

Truth is
that I still insist to claim
gently
distant
as a lily, if you wish
that ultimate
the only destination
which leads nowhere

σε καμία άνοιξη
κανένα θάνατο
καθόλου χρόνο ή ήλιο
στην απάντηση.

to no spring
has no death
no time or sun
in the answer.

Επεισόδιο VII
(Ο Ποιητής)

Μεταφέρω μαζί μου
κενότητες ορατές
το τρίξιμο που με ακολουθεί όταν βαδίζω
την ψύχρα στα παπούτσια μου
πράγματα
που δεν είπα
που δεν έκανα
που αν ειπωθούν
θα υπάρξω
ενώπιος ενωπίω
συμπαγής
χωρίς σκιά.

*

Είναι καλά εδώ
στο μικρό πριγκιπάτο των λέξεων.
Έχει θέα στο κενό
και μπορώ
να σκέφτομαι ή να μη σκέφτομαι
κατά βούληση.
Η φθορά που προξενώ
επουλώνει εύκολα
απ' το δώρο των διαγραμμένων λέξεων
που
-σε ακραία ταλάντωση-
σου αντιγυρίζω
αφού δεν έχω πια τί να τις κάνω.

Case Study VII
(The Poet)

I carry with me
visible holes
the grit that follows me when I walk
the chill on my shoes
things
that I did not say
I did not do
that if told
there I would be
face-to-face
concrete
no shadows.

*

It is well here
in the princedom of words.
It has a view of blankness
and I can
think or not think
at will.
The damage that I cause
heals easily
from the gift of cast-aside words
which
—in extreme oscillation—
I return to you
for I no longer know what to do with them.

*

Όταν μιλώ για στίχους
μιλάω για κάτι που συμβαίνει
σε σένα όσο και σε μένα-
εναποθέτοντας την ψυχή μου
στα πάθη των φωνηέντων
δανείζοντας τον εαυτό μου
στον επόμενο μύθο
έγραψα
σ' ένα λόγο πολύ λίγο από γλώσσα
όχι από επιθυμία ή πάθος
αλλά γιατί αυτός ήτανε
ο πιο ταπεινός τρόπος
να επιζεί κανείς

*

When I talk about verses
I speak of something that happens
to you as much as to me—
by entrusting my soul
to the fate of the Greek vowels
by offering myself over
to the next myth
I wrote
for a reason having little to do with language
even less from desire or passion
but because this was the humblest way
to live.

Ο Καβάφης Θυμάται

Απ' τον Καιρό. Είν' όλ' αυτά τα πράγματα πολύ
παλιά– το σκίτσο, και το πλοίο, και το απόγευμα.
К.П. Καβάφης

Μια στιγμιαία αίσθηση από κάτι μνημειώδες
η μέθη από την ανοιγμένη λέξη στην προσήλωση του νου
και τα «κελαρυστά ρυάκια» (sic) των χεριών του
κιόλας πάνω στο σώμα του.

*

Η θάλασσα είναι πολύ μακριά
για να τη φέρουμε εδώ τώρα
κι ο χαλαρός αέρας του απογεύματος
μόλις συγκρατεί ό,τι κοιτάς
ό,τι τόσο αδιάφορα κοιτάς
χωρίς εικόνες

Πάθος
-ή ίσως κάτι όχι ακριβώς-
ανανεώνει την επιθυμία.
Υπολείμματα σιωπής επικάθονται στο δωμάτιο
(στον κενό αέρα στο τετράγωνο αυτό δωμάτιο)
φτιάχνοντας τη σιωπή
κι αναρωτιέται
αν όντως βρίσκεται εδώ που κατοικεί
«το υψηλό τόσο ευτελές
η ομορφιά
καθαρή σκέψη του άλλοτε».

Cavafy Tries to Forget

From Time. All these things are very old—
the sketch, and the ship, and the afternoon.
C.P. Cavafy

A momentary sensation of something unforgettable
a drunkenness from the present word entering the mind's rapture
and the "murmuring stream" [sic] of his lover's hands
already on his body.

*

The sea is too far away
for him to fetch it here now
and the relaxed air of afternoon
just holds whatever he sees
what he so casually sees
without images

Passion
—or maybe something not quite—
renews desire.
Remnants of silence settle in the room
(the empty air in that square room)
creating silence
and he wonders
if he is indeed here where he resides
"the high so worthless
the beauty
clear thought of other times."

Ενίοτε
-τί θα μιλούσε άραγε
αν υπήρχαν λέξεις αρκετά ανθεκτικές-
μοιάζει ν' αναπολεί
εκείνα τα μεγάλα απογεύματα του καλοκαιριού
όταν η σκέψη
έχοντας επιστρέψει πια από καιρό
φαίνεται να υπαναχωρεί

(λύνει τα μαλλιά
διώχνει τη μνήμη
πρόσωπο μουσκεμένο γέλιο
με τις δαγκωματιές ακόμη
από το φως
η σιωπή μόλις τ' αλλάζει
κάτω απ' το δέρμα)

κι αναρωτιέται
αν όντως βρίσκεται εδώ που κατοικεί
στο παράφορο αυτό κομμάτι του χρόνου
που συνήθως ονομάζεται σώμα-
σώμα σου
ν' αποστρέφεται μία-μία τις ακούσιες εκδοχές
αυτού του ποιήματος
μέσα του κιόλας κάτι- τί;
μέσα του κιόλας η σκέψη για το τίποτε
κάτι
όχι απολύτως ικανό
ανακεφαλαιώνοντας ωστόσο
τη στενή σειρά των δέντρων έξω από το παράθυρό του
το εκκωφαντικό γαλάζιο και το σκίτσο
ό,τι αναίτια τώρα μοιάζει ν' αγνοεί
την πηγή αυτής της αγάπης

Sometimes
—what could have been said
if there were words strong enough?—
he seems to be reminiscing again
of those long summer afternoons
when thought
having returned for a while
seems to withdraw

(*the youth unclasps his hair*
banishes memory
face dampened by laughter
with bite marks yet from the light
beneath the flesh)

and he wonders
if he truly resides here
where he is
in this passionate piece of time
that is usually called body—
your body
while he resists incessant versions
of this poem
within it already—what;
this very thought of nothing
something
not strong enough
that still recants
the narrow row of trees outside his window
the deafeningly blue sky and the drawing
all that he tries to deny without reason
the source of his love

*

Κοίτα-
κοίτα πως κιόλας του χαμογελάει
το έσχατο αριστούργημα
και ο παραμικρός παφλασμός του
είναι ικανός να τον ελευθερώσει
και ο παραμικρός παφλασμός του
είναι ικανός να ανασύρει μέσα του
στη συλλαβή του αίματος που
του τυραννάει τον κρόταφο

λίγη χαρά
σκόρπια άστρα

*

Look—
it smiles at him already
the ultimate masterpiece
and its slightest ripple
can free him
and its slightest ripple
can retrieve from inside him
within syllables of blood
that torment his temples

a little joy
scattered stars

Μικρά Ερωτικά

Μετακινώντας το χάδι μου από λέξη σε λέξη
ήρθα σε σένα
εξαπατημένος από αυτό που σου προσφέρω
ντροπιασμένος από ό,τι είναι άγριο και αισχρό μέσα μου
σε τέλεια σύμπτυξη-
η αυγή κοχλάζει
επιχειρήματα δεν έχω
μείνε μαζί μου εδώ
ώσπου τίποτε να μη μείνει πια απ' τη νύχτα

*

σε τέλεια σύμπτυξη

θέλω να πλαγιάσω κοντά σου
σε τέλεια σύμπτυξη
και να σηκωθώ
χωρίς ίχνος
χωρίς γλώσσα
με τη γλώσσα του καθενός
βέβαιος ότι η ποίηση θα γίνεται πια μετά από σένα

*

χωρίς γλώσσα

χωρίς ίχνος
    χωρίς γλώσσα
με μόνο το κάτι εκείνο
που πάντα λείπει

98

Young Erotic

Moving my caress from word to word
I came to you
cheated by what I have to offer
ashamed of what is wild and obscene within me
in perfect collapse—
the dawn seething
I have no argument
stay with me
here
until nothing remains from this night

*

in perfect collapse

I want to lie beside you in perfect collapse
and to rise without a trace
without words
with the words of everybody
now certain that poetry comes long after you

*

without words

without a trace
without words
with only something which
is always missing
so that nothing is missing from love

για να μη λείπει ποτέ απ' τον έρωτα κάτι

*

το κάτι που λείπει

το φύλο σου   πελώριο στόμα βρέφους στο σκοτάδι
το λάδι του   ανάβει για μένα άλλη μια νύχτα
τόσος μέσα σου
τόσο μόνος

*

μόνος

και είναι ιεροσυλία αυτά τα χέρια που έτσι σε νοστάλγησαν
να πρέπει τώρα να γράψουν αυτό το ποίημα.

*

something is missing

Your sex   a huge baby mouth crying in the dark
its oil   glows for me yet another night
so deeply inside you
so lonely

*

so lonely

it is sacrilege for these hands that longed for you so much
to have to write now this poem.

Διαθέσεις Χ

Η μελαγχολία με νότισε.
Στάζω ποίηση.

Είμαι συγκινημένος απόψε.

Ο οξύς συνειρμός τέχνης απαιτητικής και κάπως άχαρης
για την ώρα διστάζει.
Έλα-
μπορούμε, αν θες,
να περπατήσουμε μαζί αίθουσες μουσείων
ερωτευμένων με τα ίδια τους τ' αγάλματα
να διαγνώσουμε την αιχμηρή αμφιβολία του χεριού
κάτω απ' το ποτισμένο ύφασμα- το μάρμαρο
την άγρια προετοιμασία της επιφάνειας για τη ζωγραφική.
Μπορούμε, αν βέβαια το θελήσεις,
να φτιάξουμε ακόμη και μια μουσική.
Θα 'ναι πολύτιμη κι ανέμελη
θα εξελίσσεται κάπως αργά
αλλά στους ίδιους πάντα αξιόπιστους τετράγωνους χρόνους.
Έλα.
Μη μου το αρνηθείς.
Άλλωστε τι θα κοστίσει.
Φέρε μαζί αυτή τη στιγμή κι αυτή τη σελίδα.
Αυτή τη στιγμή
εδώ
πάνω σ' αυτή τη σελίδα
-μόνη περιουσία μου-
ακύρωσέ τα
αφού, απόψε,

Moods X

The melancholy seeped into me.
I drip poetry.

Tonight, I am excited.

The sharp logic of this thankless and rather demanding art
for once holds off.
Come—
We could if you wish,
walk together through long museum halls
in love with their own statues
survey the piercing doubt
of the master's brushstroke
below the soaked cloth—the marble
a wild surface prepared for drawing.
We could surely, if you like,
make a little music.
It will be treasured and carefree
it will rise ever so slowly
but always with a trusted square measure
of even four-time beats
Come.
Do not deny me.
Besides, what will it cost.
Bring along this moment and this page.
This moment here
on this page
—my only asset—
call them off

πιστός στην αρετή των δακρύων
σε εποχή κυνικών εκμυστηρεύσεων
μπορώ
επάξιος και λαμπερός
για αυτή, τη μόνη αυτή φορά,
να σε υπερασπιστώ.

for tonight,
faithful to the virtue of tears
in a time of cynical confessions
I can
worthy and triumphant
for once, and only this once,
defend you.

Ερωτικό Ι

Φυσάει.

Το λιωμένο κεχριμπάρι της φθινοπωριάτικης θάλασσας
στεγνώνει κατά το νοτιά
κι ανάμεσα στις λέξεις
(λέξεις που κάποτε απήγγειλες απέναντι στον ορίζοντα)
η ανάμνηση ενός μεγαλείου:
ψεύτικου
τις νύχτες στέκεται ακίνητο και σε κοιτά
τα πρωινά σε υποδέχεται ο ίσκιος του-

                                                    είπες

πέρασμα: κανένα:
εκείνο το πέρασμα σε μιαν άλλη εσωτερικότητα
που τα πράγματα που υπάρχουν, υπάρχουν
που η ψυχή εκτίθεται αβίαστα σε γεγονότα και σε πράγματα
νύφη που παραδίνει δώρο την αλήθεια της στον εραστή της
πέρασμα ορατό: κανένα:
ένας μηχανισμός μονάχα από στιγμές
μια διαδοχή
είναι που ακόμη συγκρατεί
ό,τι απέμεινε
μες στο νωθρό αέρα του πρωινού
μετέωρο   αν-
επίδοτο
ανάμεσα στους δυο τους.

Ω, να μπορούσε ν› ακουστεί
να σκαρφαλώσει από τη ρίζα του μυαλού
                                    ως εκεί

106

Erotikon I

There's a breeze.

The autumn sea's molten amber
dries up in the south
and between words
(words you once recited against the horizon)
the memory of a splendor:
now false
nights it stands watching you
in the mornings, its shadow greets you—

                                        you said

the way though: none:
no way through to another kind of *intimacy*
where things are what they are
where the soul is endlessly exposed to things and aftermaths
like a bride who offers her truth to her lover as a gift
visible way through: none:
only a mechanism of moments
a series of events
still binds
what remains
in the languid morning air
floating   un-
delivered between them.

Oh, if only it could be heard
climbing
the roots of the mind

                        as there

(νωπή η θέρμη της αγρύπνιας σου ζαλίζει το πρόσωπο)
στο συμπαγές σημείο εκεί
που η σκέψη για το δέντρο γίνεται και πάλι δέντρο
που το λεπτό χορτάρι ψηλώνει ξαφνικά με μόνη τη δύναμη της
    κραυγής σου
στο σημείο της απαρχής

(σκοτάδι)   (μάταια)   (απλώνει)   (ο χρόνος)

σκέψου:
όλα   συγκεντρωμένα   κάτω απ' τον ίσκιο
-τον μικρό ανόητο ίσκιο του μυαλού-
χωρίς να πιστεύουν πια σε τίποτε
χωρίς να εναντιώνονται σε τίποτε
χωρίς να στρέφονται σε τίποτε πια για επιβεβαίωση-

*

Ο άνεμος λειαίνει την πέτρα.
Η πεταλούδα υφαίνει αντικατοπτρισμούς.
Το μάτι μια πληγή που αναβλύζει.

Προσπάθησε:
Ο αέρας είναι ακόμη καθαρός:
Προσπάθησε:

εγωίστριες λέξεις γυρίζουν κιόλας μέσα στα χέρια σου
άλλωστε
γράφεις ν' αποδείξεις πως η ψυχή είναι νεκρή
ότι η εποποιΐα του ιερού δε σημαίνει πια καμιά ιδέα
-σχεδόν σαν ποιητής-

(the warm heat of insomnia stuns your face)
where the notion of tree becomes tree again
as the thin grass grows suddenly tall with the power of your
    cry
the place of origin

(darkness)   (in vain)   (spreads)   (by time)

think:
all   is gathered   below the shade
—the mind's little silly shadow—

without belief
without struggle
without seeking confirmation—

*

The wind smooths stone.
A butterfly weaves mirages.
The eye a liquid wound.

Try:
The air is still pure:
Try:

selfish words already writhe in your hands
yet
you write to prove *the soul is dead*
the epic of those sacred no longer means anything
—almost like a poet—

γράφεις μην πιστεύοντας στα ονόματα
αποκαθηλώνοντας τα πράγματα από τα ονόματά τους

(τα μάτια της ακόμη κρατούν τη θέρμη του κήπου)
(σπαρταράει τσιμπώντας το γαλάζιο το έφηβο στήθος της)

Ανεξήγητος άνεμος έρχεται από πολύ μακριά
φέρνοντας δάκρυα πάνω στα δέντρα
Χρόνος γεμίζει αργά το δωμάτιο-
δεν με πιστεύεις;

Το φεγγάρι μόλις ισορροπεί στο στερέωμα.
Η λέξη φλέγεται.
Ακίνητο το μάτι την παρατηρεί.

you write without believing in names
taking things down from their names

(her eyes still hold the warmth of the garden)
(her nubile nipples quake, stabbing the blue)

A wind floods in from afar
bringing tears upon the trees.
Time slowly fills the room—

                              don't you believe me?

The moon hardly balances on the edge of things begotten.
The word is ablaze.
Watched by the unblinking eye.

Διαθέσεις XV

Οι ομιλίες μάς κράτησαν ως αργά μέσα στη νύχτα.
Είμαστε στο σκοτάδι.
Γύρω μας πράγματα
όλα εκείνα τα μικρά γνώριμα πράγματα που μας έδεναν
εμψυχωμένα απ' τη γαλήνη
προφέρουν τα ονόματά τους: καρέκλα, τραπέζι, σταμνί.

Τίποτα δε ζητάει πια η ψυχή.
Συλλογίζομαι τις μεγάλες αγάπες
την άνοιξη
σαν ένα στήθος που πάλλεται υπνωτισμένο
τη φυσιογνωμία σου πίσω απ' το τζάμι
και το τζάμι
(ένα παράξενο φυτό χορεύει στη βροχή).

Τα έλατα αχνίζουν μέσα στον ύπνο τους.
Άνεμοι γυροφέρνουν τα άστρα.
Βρυώδεις αποικίες νυχτωμένων νάρκισσων
πυρακτώνουν μεριές-μεριές τη σιωπή.
Πώς είναι η νύχτα τόσο σκοτεινή
αφού το ονειρικό παραφυλάει
αφού εκεί έξω το φεγγάρι
και η μυστική ζωή της γης—

Τα μάτια των άγριων ζώων παίρνουν τη γεύση σου.
Τα χείλη σου είναι κρύα
και η αυγή θα έρθει κρύα και αυτή
χιόνι που πλημμυρίζει από πορφυρό σύννεφο.

Moods XV

Our talks kept us late into the middle of night.
We are in shadows.
Around us objects
all those small familiar things that bound us
animated with peace
recite their names: *chair, table, crock.*

The soul asks for nothing anymore.
I mull over the great loves
springtime
like a rhythmically heaving chest
your face pressed against the window
and the window
(a strange plant dances in the rain).

The firs steam in the midst of their sleep.
Wind hovers over the stars.
Drowsy colonies of moss
burn side by side in silence.
How is the night so dark
if the sky is lurking
if right outside the moon
and this earth's mystical life—

The eyes of wild animals take in your taste.
Your lips are chilled
and the dawn will come
like snow flooding down from a purple cloud.

Προσευχή ή το Μήλο, 7/28/2013

(Ένας διάλογος ανάμεσα στην Αγία Ειρήνη ενώ προσεύχεται και έναν άθεο)

...τον ναύτη αυτόν, που σήμερα σού φέρνει τις οπώρες, με χαρά υποδέξου και φάε ν' αγαλλιάσει η ψυχή σου και βγάζοντας ο ναύτης τα τρία μήλα, που είχε τυλιγμένα σε υφάσματα κεντημένα με χρυσή κλωστή, τα έβαλε στα χέρια της...το κάλλος και η όψη και η ευωδιά τους -τι να λέμε;- κρατούσαν την καταγωγή τους από εκεί που η φύση μας εκδιώχθηκε και έκτοτε έγινε φθαρτή.
Ανωνύμου, Βίος της Οσίας ημών Ειρήνης της εκ Καππαδοκίας

Για την Βασιλεία που το έφτιαξε

I.

Υψώνει τα χέρια.
Στήνει το κορμί.
Στη δεξιά τσέπη του ράσου της
το μήλο χορεύει στο ρυθμό της καρδιάς.
Αρχίζει το τιτίβισμα.
Πάλι.

*

Ο όλος χρόνος μέσα σε δυο υψωμένα χέρια
μαζεύεται/ επωάζει.
Οι ίδιες λέξεις
σταθερά επαναλαμβάνονται.
Ο νους βολεύεται καθησυχαστικά ζεστός-

Prayer, or The Apple, 7/28/2013
(A dialogue between the praying St. Irene and an atheist)

> *This sailor who today brings you the fruits, with happi-*
> *ness you should greet him, eat to gratify your soul, and the*
> *sailor puts out three apples that he has wrapped in cloth,*
> *and tied with gold strings, and places them in her hands.*
> *... All this beauty, the appearance of the fruits, and the*
> *scent of their fragments... what could one say? They kept*
> *their origin from when humans were exiled and thereafter*
> *became mortal.*
> Anonymous, *The Life of St. Irene of Cappadocia*

For Vasileia, who created this

I.

She raises the arms.
Straightens the body.
In the right pocket of her robe
the apple dances to the rhythm of her heart.
She starts chirping.
Again.

*

Time gathers in her two upraised hands
roils/   incubates.
The same words
relentlessly repeated.
The mind settles reassuringly warm—

Όλος άδειος.

II.

Θέλω να προσευχηθώ
-ταπ ταπ-
λένε τα πέντε της δάχτυλα.

III.

Θέλω να προσευχηθώ λένε τα πέντε του δάχτυλα.

Ανοίγει τα μάτια στο σκοτάδι του καθεδρικού.
Παίζει το βλέμμα.
Παρασυρμένος από την εκκωφαντική πληρότητα
του τετράγωνου χώρου που τον περιβάλλει
προς στιγμήν παραμερίζει το ποίημα.
Ξέρει ποιος είναι.
Έχει ήδη διατρέξει την απόσταση
κρυώνω/   τρομάζω/   να προσευχηθώ
θέλω.
Επιμένει ακόμη να πιστεύει
(τουλάχιστον έτσι νομίζει).

Υποκύπτοντας απλώνει το χέρι.
Ένα ρεύμα ανακυκλώνεται από παντού
ταράζοντας τις σημασίες
εγκαινιάζοντας τη δράση
σαν την πιο ακριβή σταγόνα της αντίληψης.

All empty.

II.

I want to pray
—*tap tap*—
Her five fingers say.

III.

I want to pray his five fingers say.

He opens the eyes in the darkness of the cathedral.
He blinks.
Overwhelmed by the deafening fullness
of the square space that encompasses him
for a moment, leaves the poem behind.
He knows. Who he is.
He has already walked the distance
I'm cold/   scared/   to pray
I want to pray.
He insists on believing
(at least he thinks so).

Surrendering, the self reaches out his hand.
A breeze swirls in from everywhere
rippling the meanings
initiating action
as a most precious drop of perception falls.

Κανένας δεν έχει το δικαίωμα να τον κρίνει.
Κανένας δεν έχει δικαίωμα να κρίνει
αυτό που διαπραγματεύονται τα πέντε του δάκτυλα.

IV.

Υψώνει τα χέρια.
Ένα διάφανο μανιτάρι ενέργειας την περιβάλει.
Ταπ-ταπ
η επίμονη σκαπάνη του Θεού μέσα της-

V.

Θέλω.

Χρειάζομαι τα χέρια σου για να υψώσω τα δικά μου.
Χρειάζεσαι τα χέρια μου για να υψώσεις τα δικά σου.
Η χειρονομία-
ο τελικός σκοπός αυτών των χεριών.

VI.

Το μήλο λειαίνει τις γραμμές στην κοιλότητα της παλάμης.
Σβήνει τις σημασίες.

Άφησέ το να πέσει.
Να τρέξει διαβρωμένο απ' τη βαρύτητα

No one has the right to judge him.
No one has the right to judge
that which his five fingers are negotiating.

IV.

She raises the arms.
A diaphanous mushroom of energy envelops her.
Tap-tap
the persistent hammering of God inside her—

V.

I want.

I need your hands to raise my own.
You need my hands to raise your own.
The gesture—
the ultimate destination for these hands.

VI.

The apple smoothes the lines in the palms' hollowness.
Erases meanings.

Let it fall.
To run eroded by gravity

την κόκκινη κατακόρυφη τροχιά του-
ύστατο συμπέρασμα της εξάλειψης.

Ο Νοέμβριος έρχεται πλημμυρίζοντας από παντού.
Κάτι πολύτιμο -εξαιρετικά πολύτιμο-
αγοράστηκε για να είναι οι δυο τους τώρα εδώ.
Δεν μπορώ.
Ποτέ δεν θα μπορούσα.
Να το ονομάσω.

VII.

Άραγε θ' αρκέσει;

Πεινάει.
Βιαστικά κρύβει το μήλο πίσω στην τσέπη της.

Θα αρκέσει.
Το κόβει σε μικρά-μικρά κομματάκια και το μοιράζει.

Ένα διάφανο λείψανο από κόκκαλα
αποβάλλει την αίσθηση σαν ένα φτέρωμα νεκρό, που σήπεται.

VIII.

Το χιόνι πέφτει σκληρότερο τώρα.
Επίμονα κύματα έρχονται από τη θάλασσα.
Η μυρωδιά της καμένης της σάρκας
διαβρώνει το pH των λέξεων.

its red vertical trajectory—
ultimate argument for extinction.

November comes flooding from everywhere.
Something precious—perhaps very precious—
was bought for the two of them to be here now.
I cannot.
I never could.
I could never name it.

VII.

Will it suffice;

She's hungry.
She hastily hides the apple back in her pocket.

It will suffice.
She cuts it into tiny slices and hands it out.

A diaphanous relic of bones
rejects emotion like dead plumage that decays.

VIII.

It's snowing harder now.
Relentless waves keep coming from the sea.
The scent of her singed flesh erodes
the pH of these words.

Δεν ξέρω.
Πώς να συνεχίσω.

Δεν φοβάται.
Χώνει βαθιά το χέρι στην τσέπη.
Ύστερα/ τινάζεται-πίσω/ σαν-από-ξαφνική/ θέα.
Μπήγει τα μεθυσμένα δόντια της
κάθετα πάνω στη σάρκα του.

IX.

Επιτέλους αντιλαμβάνεται τη ζωή έξω από ό,τι έχει ή δεν έχει
   ζήσει μέσα σ' αυτή.

X.

Ξέρεις συχνά τις νύχτες κοιμάμαι μέσα στον τάφο μου.
Τρώω τον άρτο-σώμα
Πίνω το αίμα.
Η σκιά που έχω για εγώ
δεν κάνει τότε ήχο κανέναν.
Έχω αποστηθίσει τις στάσεις.
Λυγίζω τα γόνατα   τη μέση.
Το μυαλό μικραίνει.
Ο κόσμος τραβάει την αιχμηρή του άκρη από μέσα μου.

I don't know.
How to continue.

She's not afraid.
Pokes her hand deep into her pocket.
Then/ jerks back/ as if/ from sudden/ sight.
She sinks her drunken teeth
deep into its flesh.

IX.

At last, he comes to understand life beyond all that has or has
   not happened to him.

X.

Often at night, you know, I sleep inside my grave.
I eat the bread—body.
Drink the blood.
The shadow that I call myself
makes no sound anymore.
I have memorized the postures.
I bend my back   my knees.
The mind shrinks.
The world pulls its sharp tip out of me.

XI.

Ρίχνει το μήλο.
Ο ορίζοντας σπάει σε αναρίθμητες ρωγμές μπροστά.

Έχουν ακόμα αυτή τη μέρα
δική τους- αυτή τη μέρα

-γελάς;-

το επόμενο λεπτό.

XI.

She tosses the apple.
The horizon breaks into cracks.

They still have this day
it's theirs—this day

—you laugh;—

this next minute.

Μητέρα και Κόρη ή Τοπίο σε Κίνηση

Για τη Φιλοθέη-Θάλεια

Απολογούμαι για κάτι που δεν ξέρω να πω πως αλλά
    συμβαίνει.
Είμαστε εδώ-
στο κομμάτι αυτό του ποταμού που ανεβαίνει.
Τριγύρω λόφοι/   ένας γαλάζιος ουρανός/
αυτό που δε θα σου δοθεί ποτέ ξανά/   σκόνη.
Το χέρι σου πλέει μέσα στο χέρι μου
πρώιμο και ζεστό.
Προσπαθείς ν' ανασάνεις
ν' αντιληφθείς τη νέα αυτή πραγματικότητα που σε περιβάλλει
χωρίς απαίτηση φυγή ή εναντίωση.
Ό,τι σε απορροφά αυτή τη στιγμή
είναι οι ζαχαρωμένοι από την πάχνη μίσχοι
που εύκολα σπας κάτω απ' το πέλμα.
Μ' έχεις σχεδόν ξεχάσει.
Ο κόσμος μπροστά
-βίαιος-
με τους κόσμους του
κι εσύ παίζεις.
Υπομένοντας τις αδιάκοπες μεταμορφώσεις του αέρα
απολαμβάνοντας με τις αισθήσεις ανοιχτές-
τα ανασηκωμένα λέπια της συνείδησης
μόλις μαθαίνουν να αντιστέκονται στην εκκωφαντική αυτή
    ρητορεία.
«Άνεμος»- λέω.
Είσαι αρκετά μεγάλη για να καταλάβεις
πολύ μικρή για να μπορείς ν' ανταποδώσεις
τη φιλοφρόνηση μίας ακόμη άγνωστης λέξης.

Mother and Daughter or Landscape in Motion

For Philothei-Thalia

I want to confess to something I can't explain, but it happens.
We're here—
in this part of the river that twists.
Surrounding hills/   a blue sky/
what you'll never be given again/   dust.
Your hand floating in my hand
early and warm.
You try to breathe
to take in the new reality that embraces you
without demand, escape, or opposition.
What absorbs you at this moment
are the stalks sugar-coated from frost
that snap easily beneath your footsteps.
You have almost forgotten me.
The world ahead
—rough—
with all its worlds
still, you play
enduring the air's incessant changes
reveling with open senses—
your consciousness
has just learned to resist this deafening rhetoric.
"Wind,"—I say
You are old enough to understand, too young to reciprocate
the compliment of a still-unknown word.
The river gushes.
Its surface surges.
I'd like to walk here with you for hours

Ο ποταμός συστρέφεται.
Η επιφάνειά του ρυτιδιάζει.
Θα 'θελα να βαδίζαμε εδώ, μαζί, για ώρες
μέσα από τις αβέβαιες εκκολάψεις του νερού
συσπάσεις/   βαθουλώματα/   οι όγκοι
ένας μηχανισμός από ροές
παρασύρει το τοπίο σε κίνηση.

Χωρίς να σε πείθω
θα 'θελα να μπορούσα να σου πω
αυτό θα κρατήσει και μετά από μένα- μετά από μας.
Το μπλε φουσκώνει τον ορίζοντα μπροστά μας.
Το μελάνι πρήζεται από την τεταμένη αναμονή
-επιμένω, λοιπόν, να εξαντλήσω έτσι το χρόνο που μου
    απομένει-
Μοιάζει κάτι να λες.
Τέλεια πλάσματα της ομιλίας ενδώσαμε
μιλήσαμε
(αυτή είναι η μία όψη της πραγματικότητας, η μία όψη του
    κόσμου)
Θέλω να πω-
Λέω: καθαρό
και στρέφω αλλού το βλέμμα.

within the murky churning of water
constricts/ swells/ uncoils
a mechanism of flow
propels the landscape into motion.

Without being able to convince you
I'd like to say
this will last after me—after us.
Blue swells of horizon before us.
The ink fills with tense anticipation
—I insist on spending my remaining time this way—
Looks like you are saying something.
We, a perfect creation of speech
have yielded to words
(this is one facet of reality, one aspect of the world)
I want to say—
I say: *pure*
then turn and look elsewhere.

Ποιήματα του ΝΑΙ και του ΟΧΙ

1.

Η εμπειρία μου παίρνει το σχήμα της οδύνης.

Η βοή της μέλισσας κρατάει το καλοκαίρι χαμηλά στο ξερό
   χορτάρι.
Συνεπώς
πρέπει να βαδίσουμε χέρι-χέρι
μακριά απ' το σχήμα της διάζευξης
με τον ξινό οβολό της πατρίδας στα χείλη
προς τον ακατάστατο θόρυβο μίας -ακόμη- ατελούς
   αναβλάστησης.

2.

Είναι όλα τόσο θεατρικά-

Παραπλανητικά μού χαμογελούν
-με την οίηση ερπετού-
και γελάω.
Δεν γνωρίζω λατινικά.
Δεν μπορώ να απαντήσω.
Έχω πολύ θυμό σκληρό και ξηρό
πολλή οργή μέσα μου
πρόσμειξη σοφίας και μωρίας.

Αποχωρώ και επιστρέφω στο ποίημα

βουστροφηδόν-

The Poems of Yes and No

1.

My experience takes the shape of anguish.

The bee's hum hovers low on the dry summer grass.
And so
we must walk hand in hand
away from the sign of rupture
with the bitter oval of the homeland on our lips
towards the hectic uprising of an—albeit still unfinished—
    meandering

2.

It's all so theatrical—

They smile at me deceptively
—with snakelike smugness—
and I laugh.
I don't know Latin.
I cannot answer.
I've got a lot of sharp, rough rage
a lot of anger inside me
a mixture of adult wisdom
and childish naïveté.

I leave and return to the poem.

Now I write as the ox plows:
left to right in one line, right to left in the other—

3.

Δεν εξημερώνεται και φοβάμαι.
Η στιγμή σφίγγει- ένας σχηματισμός από στιγμές.
Η βία είναι προβλέψιμη.
Νιώθω βαθιές τύψεις για περίεργες ταυτολογίες που έτσι
    ξαφνικά προέκυψαν:
νοήματα που αναπάντεχα μετατρέπονται σε παραμύθια
παραμύθια που αναπάντεχα
-αλλά τόσο θεατρικά-
μετατρέπονται σε νοήματα.

Σαν τσομπανόσκυλο στο γρασίδι της γλώσσας μου
κλαίω.

4.

Σημάδεψε το σημείο που στέκονταν πριν-
δεν υπάρχει.

Βρες το σημείο που στέκονταν πριν και σημάδεψέ το-
δεν υπάρχει.

Τουλάχιστον όπως υπήρξε
στοργική
να κάνει την εμφάνισή της
απροσδόκητα
στο απροσδόκητο της Ιστορίας.
Και οι αριθμοί που τώρα διαδραματίζονται μπροστά στα μάτια μας
ελάχιστο ρεαλισμό περιγράφουν.

3.

This whole affair is a mess.
The moment tightens—a formation of instances.
The violence is foreseeable.
I feel deep remorse for strange tautologies that unexpectedly
    arise;
meanings that suddenly morph into fairy tales
fairy tales that suddenly
—but so theatrically—
are transformed into meanings.

Like a watchdog tracking the field for my lost language
I weep.

4.

Mark the point that lingered before—
there is none.

Find the point that lingered before and mark it—
there is none.

At least this country showed up
its adoring face
arose fitfully throughout History's chaos.
And the numbers that now play before our eyes
hardly depict reality.

Σε κάθε μικρό τετραγωνάκι
βάζουμε ένα σταυρό
όπως στα ασπρόμαυρα μνημεία των πεσόντων
και τα κοιμητήρια.

5.

Αυτές οι στριγγές εικόνες με κουράζουν.

Διατάζουν με τις σάλπιγγές τους
υποδεικνύουν
συμμορφώνουν.

Ανακάλεσε τον εγωισμό
το αχαλίνωτο ράμφος σου- Ποιητή.
Υποδέξου τον κ. Σεφέρη
να μιλήσει για τον Ευρωπαϊκό Ελληνισμό μας.

6.

Ο κοκκινολαίμης αφήνει τη στριγγιά του- οφείλω.

Το παιδί παίζει- μια απάντηση.

Χτυπάω την ξερή σανίδα και μού αποκρίνεται-
ΝΑΙ, ΝΑΙ
ΟΧΙ, ΟΧΙ

Γνονθοκοπάω την ξερή σανίδα και μου αποκρίνεται-
ΟΧΙ, ΟΧΙ
ΝΑΙ, ΝΑΙ

In each small ballot box
we mark a cross
the way we decorate the black and white monuments
of the heroes in the cemeteries.

5.

These blaring images exhaust me.

They strain to sound their trumpets' blasts
that command us
to obey.

Banish the selfishness,
the squawking from your beak, Poet.
Summon Mr. Seferis
to speak with diplomatic calm of our European Hellenism.

6.

The shrill robin calls—I owe a debt to my nation.

The child is playing—I owe her an answer too.

Now, in the voting booth, I knock my fist against the dry
    table, and it answers—
YES, YES
NO, NO

I knock the hard table, and it answers—
NO, NO
YES, YES

Η ψυχή σου είναι αυτή η σανίδα.

7.

Συνεπώς, δεν γίνεται να μην δοθούν απαντήσεις.

Στον ξύλινο κύβο η οριζόντια διάσταση
αντιμάχεται την κάθετη.

Συμπλεκόμενες η οριζόντια και η κάθετη
σχηματίζουν σταυρό.

Ο κύβος ερρίφθη.

8.

Δεν θα υπάρξουν ψαλμωδίες, τυμπανοκρουσίες,
    κανονιοβολισμοί.

Κανείς δεν θα αρπάξει κανέναν από το λαιμό
να τον ταρακουνήσει λίγο.
Όλα θα γίνουν όπως πρέπει
          εύτακτα
          έκτακτα
          λαμπρά.
Δεν ταιριάζει βέβαια να σφίξουμε τα χέρια.

Σκύβοντας το κεφάλι
θα αποχωριστούμε χτυπώντας
-σε μια ύστατη άσκηση γενναιότητας-
τα βήματά μας πάνω στη γη.

Your soul—hard and split from your body—
your soul is this table.

7.

Therefore, it is impossible not to answer.

In the wooden cube, the horizontal dimension
clashes against the vertical.

Horizontally and vertically interlocked
they form a cross.

The die is cast.

8.

There will be no chanting, no drumroll, no blast of cannons.

No one will grab anyone by the throat
to shake him a little.
Everything will be done as it should
                orderly
                extraordinarily
                brilliantly.
Of course, it is not proper to shake hands this way.

With heavy heads
we will separate stomping
—in a final struggle for courage—
our steps upon the earth.

9.

Προσπέρασε, λοιπόν, τα πέτρινα σύμβολα των αρετών
τις ιδέες που δεν χωρούν σε καμιά Ιδέα.

Δεν χρειάζεται να κάνουμε μνεία σε αυτά.
Είναι τεχνηέντως νοθευμένα.
Ο ιστός της συνταγής αυτής ήταν σαθρός.

Απόδειξη τα δάκρυά σου
δάκρυα σκληρά και ανθεκτικά
κατάλληλα για την κοπή κρυστάλλων.

9.

So, then you walk, ignoring your ancestors' sacred stone
　　symbols. They once marked the way
their holy meaning now lost in history.

This meal is artificially flavored.
The ingredients of this recipe were rotten.

You prove this now with your tears
hard and enduring and sharp
enough to cleave crystal.

Causa Artis 3

Μπορώ να σου πάρω τις λέξεις
είπε ο αέρας
όχι όμως και το νόημα.
Το φως όχι ακριβώς φως
όχι ακριβώς φωτεινό
λικνίζει ακανόνιστα σχήματα πάνω στους τοίχους.
Εύκολα πια θα μπορούσες να το περιγράψεις.
Έχεις πειστεί
            (σε έχει πείσει)
ότι «οι δαίμονες που τρέχουν πίσω απ' το χαρτί»
-ζαλίζοντάς σου έτσι αυθάδικα τη σκέψη-
είναι από γενναιόδωρα φιλάνθρωπο χέρι
κι έχεις διδάξει στο ξαναμμένο μέτωπό σου
                    ότι θα 'ρχεται
                        θα ξανάρχεται
κοιτώντας -με βλέφαρα κλειστά κάτω απ' το βλέμμα-
τον άδειο χώρο μέσα σου
ζητώντας χώρο από τον άδειο χώρο μέσα σου
                        ζητώντας σου σώμα.

Ο άνεμος υφαίνει το τίποτα απ' το τίποτα-   εμάς υφαίνει
Ζεστή η βροχή του απογεύματος γεμίζει το παράθυρο στάλες
Φύλλα αναδεύονται νωχελικά ζητώντας: αλλαγή
                        σημαίνοντας: η ενσάρκωση.

Η στιγμή
-η ακριβώς κατάλληλη στιγμή-
ανάμεσα στο χρόνο τότε και στο χρόνο τώρα
δείχνει επιτέλους επαρκής
κάτι ανώνυμο

Causa Artis 3

I could take your words
said the air
not their meaning, though.
The light not exactly light;
not exactly bright
sways in irregular patterns upon the wall.
You could easily describe them now.
You are convinced
        (it has convinced you)
 the demons which run across the paper
—stunning your thought cheekily—
come from a benevolent hand
and you have taught your flushed forehead
                that this will come
                            come again
looking—with eyelids shut underneath the gaze—
at the empty space in you
demanding space from the empty space within you
                        asking for a body.

The wind weaves nothing from nothingness—it is we who weave
Warm afternoon raindrops flood the window
Leaves stir sluggishly, asking for: change
                signaling: the incarnation

The moment
—the exact right moment—
between the time of then and the time of now
finally proves sufficient
something anonymous

ανοιχτό
κάτι που μοιάζει
(μέσα στην ξαφνική βροχή)
        με ευχαρίστηση
        συγκατανεύει ακούσια

*

το ποίημα
-άλλοθι γι' αυτόν τον ακατάστατο θόρυβο-
ανησυχεί:
φτιαγμένο από λέξεις
                λέξεις μόνο.

                opens
something that resembles
            (in the sudden rain)
            with pleasure
consents involuntary

*

the poem
—alibi for this messy noise—
feels uneasy:
it is made from words
                words alone.

Φυγή ή οι Λέξεις

Δεν έχει παρά να περιμένει. Θα τη βρουν.
Ρέοντας πάνω της σαν ευαίσθητα δάχτυλα
που ξεπέρασαν την αναμονή
εξαντλώντας την πυκνότητα των διαστημάτων
έως ότου ο χρόνος γίνει πάλι χώρος
(χώρος εσωτερικός;)
μέχρι να μπορεί ν' αφουγκραστεί τον κήπο
να εργάζεται ήσυχα-
πάλι.

Εν τω μεταξύ
ρυτιδιάζουν τον αέρα και φεύγουν
εκθέτοντάς τη βάναυσα στο τραγούδισμα των πουλιών
τυραννώντας την ατμόσφαιρα
με τις βαθιές μακρόσυρτες κινήσεις τους.
Φαντάσου τες
σ' αιώνια περιδιάβαση
ενάντια στο συμβολικό
(ή το ωραίο)
έξω από εκείνο που διστάζει
(ή αδημονεί)
μελετώντας την ενσάρκωση.

Έχουν τον τρόπο τους να την πονούν.
Έχουν τον τρόπο τους να φεύγουν.

Κάθε φορά και πιο πεισματικές
και πιο οικείες
την εγκαταλείπουν
τις παρατηρώ.

Escape, or The Words

She has only to wait. They will find her.
Streaming over her like delicate fingers
that outlasted the wait
exhausting the density between pauses
until time becomes space again
(inner space;)
until she can listen to the garden
work quietly—
again.

Meanwhile
they ripple the air and are gone
exposing her brutally to the birds' singing
tormenting the atmosphere
with long creeping strokes.
Imagine them
in eternal walkabout
against the symbolic
(or the beautiful)
beyond that which hesitates
(or awaits in anticipation?)
studies in incarnation.

They have their own way to pain her.
They have their own way to leave.

Each time more stubborn
and more intimate
they abandon her
I watch.

Πλημμυρίζουν την απουσία τους
και φεύγουν
της παραχωρούν τη σιωπή τους
και φεύγουν
λες και κάτι τις ζητάει έξω απ' τη ρίζα τους
κάτι πιο αναπόφευκτο
πιο ασφαλές από το χαμηλό ανάγλυφο της ανοιξιάτικης
    θάλασσας
κάτι που απ' ανέκαθεν
ήταν (;)

(η δροσιά θα μαζεύεται σαν το σταφύλι κι εκείνη δεν θα είναι εκεί)

(κρύα βροχή θα φωτίζει τη νύχτα)

Έχει σημασία να εμπιστευτεί τα πάντα σ' αυτή τη φυγή.
Να τις αφήσει φιλάνθρωπα να ολοκληρώσουν το σκοπό
    το έργο τους.

«Μια σελίδα φορτωμένη λέξεις είναι μια σελίδα πνιγμένη στο
    αγριόχορτο»

Πυρωμένα τα φύλλα της φτελιάς ιριδίζουν
μικρές κατακόκκινες κραυγές πάνω στο τζάμι.

Δεν ξέρουμε τίποτα για το τέλος.
Δεν μπορούμε να δούμε μέσα στο τέλος.
Δεν μπορούμε να δούμε πέρα απ' αυτό.

146

They flood their absence
and leave
they grant her silence
and leave
as if something beyond their roots is calling for them
something fated
more sheltered than the low relief of springtime sea
that has always been
or rather was (?)

(*the dew will gather like grapes, and she won't be there*)

(*cold rain will light the night*)

It is important to entrust everything to this flight.
To let them mercifully finish
            their work.

"A page full of words is a page drowned in ragweed."

Fiery leaves of elms shimmer
tiny bright red screams against my windowpane.

We know nothing about the ending.
We cannot see through to the end.
We cannot see beyond it.

Notes to the Poems

The Body of Dead Christ in the Tomb

The poem is inspired by the dramatic painting of the renowned German artist and printmaker Hans Holbein the Younger. Fyodor Dostoevsky, when he first encountered the work in 1867, was so captivated that he had to be dragged away from the piece to avoid an epileptic seizure. The work has also attracted the interest of Julia Kristeva. Here, the painting is a metaphor for the poet's self-discovery as a female writer and her contemplation on matters of loss, memory, and rebirth.

Case Study IV

The poem is based on the Old Testament vision of Prophet Ezekiel at the Valley of the Dry Bones (Ez. 37:4–24). Ezekiel's prophecy, which refers to returning to a life of these bones, represents an eschatological restoration and political recovery for the "House," the nation of Israel. The metaphor is used here to comment on the Greek state's rehabilitation and national identity amid the so-called "Greek crisis" that lasted almost a decade (2009–2019). The poem also comments on the cultural assimilation and symbiosis of the refugees that continue to arrive in a diverse and pluralistic Greek nation.

Head of Satyrs

"I made only Satyrs. I wanted to stop that scornful laugh that made me go mad." In 1877–1878, the famous Greek sculptor Yannoulis Chalepas suffered from a severe nervous breakdown: He destroyed hundreds of clay models, studies, and sculptures, mainly of heads of satyrs. He was put "under observation" and sent to Italy to recover. He soon returned to Greece to study the sculpture of the Acropolis but ended up in a public psychiatric clinic on the island of Corfu. The poem uses Chalepas's story as a paradigm for the rediscovery of personal and collective identity through periods of crisis.

Matter of Life and Death

A group of civilians are trapped and hidden under a bridge during the Greek Civil War (1946–1949). A woman from the group witnesses and recalls a mother with her crying baby daughter. The mother was forced to kill the infant so the group would remain unnoticed by the guerrillas.

Case Study V

"Blinded by aspalathus thorns..." refers to an indigenous Greek plant in Plato's "Politeia." Also mentioned in George Seferis's poem, "Over Aspalathus Bushes," the plant represents the afterlife punishment of tyrants, who, according to Plato, were dragged through the road: the flowers' thorns tore them apart.

Cavafy Tries to Forget

The poem was inspired during a visit to Cavafy's house in Alexandria. It revisits the feelings and dilemmas of the renowned Greek poet. The poem also addresses Cavafy's denial of his homosexuality during challenging times for sexual identity. This harrowing, esoteric struggle was the source of some of Cavafy's finest confessional lyric poems, which reveal another aspect of the poet and his oeuvre.

Prayer or The Apple, 7/28/2013

St. Irene of Cappadocia (b. 828) is a central female Orthodox saint. Refusing to become an empress to the Byzantine emperor Michael III, she became a nun at 15. The poem deals with an incident from her life. As the saint was praying one night, she heard a voice encouraging her to welcome a sailor who would come to the nunnery bringing delicious fruits that would fill her soul with joy. Indeed, the saint soon encountered a sailor who brought her three apples. The apples, given to him by an unknown older man who reached his ship by walking on the waves, proved to be heavenly gifts. St. Irene ate one apple for 40 days and nothing else. She offered the second to the nuns and kept the third for the rest of her life. Her story is a story of female resilience, faith, and independence.

The Poems of Yes and No

"Now, in the voting booth, I knock my fist against the dry table, and it answers—/ YES, YES / NO, NO." In July 2015, amid the ongoing financial crisis, Greece had to vote "yes" or "no" to the agenda of a new memorandum, a series of heavy economic measures. The final vote would have determined whether Greece should remain a member of the European community.

Translator's Note

I DISCOVERED DIMITRA KOTOULA AS a first-year Ph.D. student at the University of Nebraska-Lincoln, sitting in the office of former US Poet Laureate Ted Kooser. In search of a poet I might translate, Ted had reached out overseas to friends who led us to A.E. Stallings, who lives full-time in Athens. Stallings suggested Kotoula as a prominent voice in the younger generation of Greek poets born after the military junta. I had no idea then that I'd spend the next ten years translating her work or what delight and difficulty the attempt to recreate her poems would offer. During the 2016 Sewanee Writers' Conference Translation Workshop, Stallings remarked that Kotoula and I are "very different writers," and I agree. Still, over the next ten years, an unlikely friendship developed through trust, sweat, and argument between myself and one of the most unique and challenging Greek poets of our time.

Kotoula's work had been lauded by several prominent critics long before her poems crossed my desk. Stallings herself observed that "Kotoula subtly and masterfully transforms ... private demons into a public resonance." Karen van Dyck has said, "Kotoula is writing in dialogue with the famous twentieth-century poets of ancient myth (George Seferis and Angelos Sikelianos among them). [She] brings fresh language and a feminist edge to familiar themes." And in the October 2017 issue of *tbj*, Vangelis Chatzivasileiou said of her poems, "A mature voice from the very early beginning (with her two poetry collections to date she has managed to create a whole poetic universe), Kotoula organizes a poetics that succeeds at addressing the community through what seems to be the only path appropriate to our times: focusing on an individuality that will never cease to call openly to the Other and the World, even in harsh times, when all bridges have been blown up."

I chose to translate Kotoula because she possesses a style unlike any other I've encountered before, in any language, period. Few poets effortlessly move back and forth between the elegiac and the ekphrastic, the experimental and the lyric, while rendering work that alludes to Greek society and standing up to translations of strong American poems. In light of that concern, my biggest challenge was remaining true to meaning and music—a tricky balance—without compromising the poems' political sensibility. To render Kotoula's lyrics in an accurate light, I had to keep Greece's sociopolitical tragedy in mind. Much of her work was written during the Greek financial struggle, which, although it is not always at the forefront of the poems, is at least lurking at the edges.

In the opening poem, "Landscapes I," the speaker indirectly uses the financial crisis through the metaphor of a dying relationship. The speaker laments, "I you and this. / A handful of grief is scattered across the sea. / The sea is glorious. / We have no glory. / Only our hands a couple now/ ... sullied by the mud of self-indulgent nostalgia." Here we see two lovers holding on to their relationship's meager remains and acknowledging a culture under fire. According to the speaker, modern Greek society has spent too much time mired in sentimentality, idolizing its past without focusing on how it has impacted the present and future. Nonetheless, the couple continues to walk hand in hand through their inevitable dissolution.

Aside from vitriol and melancholy, Kotoula emphasizes themes of eroticism and longing, especially as they relate to her predecessors. In "Cavafy Tries to Forget," she evokes the eponymous poet himself, struggling against his homoerotic desires. As he pushes against the object of his passion, he can't forget his attraction to the young man. Much as in his poetic process—he obsessed about his poems, often revising one for years—in Kotoula's work, he returns to his infatuation:

```
if he truly resides here
        where he is
in this passionate piece of time
  that is usually called body—
        your body
while he resists incessant versions
        of this poem
```

Here we see the speaker struggling against his impulses but unable to stop reconjuring images of his lover's physique.

Throughout the "Case Study" series, the speaker could arguably be Cavafy, as Kotoula has suggested. There are moments, however, when the speaker is, at least in my view, unambiguously a woman. The poet-as-speaker in these poems is a visionary, a witness, and an unreliable narrator. She pushes against the patriarchy, trying to make room for herself.

Moreover, there are moments of emptiness as she tries to fit into history. In "Case Study VII," the speaker confesses, "I carry with me / visible holes / the grit that follows me when I walk." The lines allude to the speaker's evasion of traditional narratives, which creates fissures, as her past still trails into her present, no matter how she tries to escape.

"Three Notes for One Melody," on the other hand, takes a poet-as-witness approach, as the narrator confesses, "Truth is that I like to watch." She then enacts another of the author's obsessions: going back to confront "the forefathers." We see the narrator's urge to examine a once-thriving Greek empire. She feels a "living sob / that tries to break away from me." Once again, history and memory cobble a temporary bridge. And isn't that conundrum in every writer's plight? Aren't we all chasing, reimagining, and unearthing the genius of writers past? Aren't we forced to return to the present and accept that we're trying to do good work?

The poem and poet seek spiritual evolution in "Head of Sa-tyrs," inspired by Yannoulis Chalepas's sculptures and emotional breakdown. This time, Kotoula fuses the elegiac and ekphrastic. The speaker describes gazing upon the Satyr, wondering if he judges her or her people, then finally seeking truth, escape, and evolution of consciousness in the poem's final line: "I have every right to be left alone. / I want to stop this laughing. / I want to hear beyond it." Noonie Minogue notes in the *Times Literary Supplement* 2016 issue that these verses represent "a vein of unique sardonic humor" since Kotoula is presenting her version of the sculptor Chalepas, who went mad in 1877-1878 and smashed his life's work: his grinning heads of Satyrs.

This collection unfurls my decade-long collaboration with one of the most innovative poets of our time. As you go through these pages, know these poems culminate in love and toiling. This work resulted from endless email exchanges, conversations in Greek coffee shops, debates, admiration, and hours of strug-gle as we sat on either side of our computer screens, in separate countries, untangling Kotoula's original Greek metaphors and syntax, then weaving them back into American English. Created across an ocean, this book will persevere into its translation as an indispensable new voice throughout modern American poetry.

—Maria Nazos

Acknowledgments

The poems translated here mainly come from Dimitra Kotoula's two poetry collections: *Three Notes for a Melody*, published in 2004 (Nefeli Publishing), and *The Constant Narrative*, published in 2017 (Patakis Publications), both in Athens, Greece.

I am grateful to the editors who published these translations, which have appeared in slightly different form in the following literary journals:

128 Lit: "Matter of Life and Death"

All Translation: "Erotikon I," "Head of Satyrs," "Moods XV"

Anomaly: "The Body of Dead Christ in the Tomb," "Moods X," "Case Study IV (All the House of Israel or The Redintegration)"

Blue Lyra Review: "Case Study V (On Ethics)"

Copper Nickel: "Case Study VI," "Case Study VII," "Three Notes for a Melody," "Cavafy Tries to Forget"

The Columbia Review: "Blue"

Denver Quarterly: "The Calling," "Manifesto"

Mead: "Landscapes I," "Escape, or The Words"

Mid-American Review: "The Slow Horizon That Breathes," including: "Causa Artis 1," "Causa Artis 2," "Young Erotic,"

"Landscapes V," "Landscapes VI," "Landscapes VII," "Landscapes VIII," "Prayer, or The Apple" (parts V–IX)

New Poetry in Translation: "Erotikon I," "Moods XV"

The Puritan: "Prayer or the Apple" (parts I–V)

Solstice: a magazine of diverse voices: "Case Study" (I & II)

upstreet: "Mother and Daughter or Landscape in Motion"

World Literature Today: "Causa Artis 3"

World Poetry Review: "The Poems of Yes and No"

I want to extend a deep thank you to Amelia Montes, A.E. Stallings, Effie Athanassopoulos, Stephen Behrendt, Grace Bauer, Eleni Demetry, Dimitri Nazos, and Ted Kooser for providing invaluable patience, time, and feedback. Thank you for your generosity. And thank you, of course, to Dimitra Kotoula for this gratifying challenge.

As not all of the poems are verbatim translations, the author has given her approval for all of the poems' English adaptations.

I am also grateful to the Sewanee Writers' Conference and the Kimmel Harding Nelson Foundation for providing time and space to finish this collection.

Dimitra Kotoula is the author of three poetry collections and the recipient of the prestigious Chartis prize. She was the first to translate Louise Glück's poems into Greek, and has also translated the work of Jorie Graham and Sharon Olds. Her poems have been translated into thirteen languages. Translations of her work by Maria Nazos have been published in US journals including *The Columbia Review, Mid-American Review, The Denver Quarterly, Anomaly/Drunken Boat, Blue Lyra Review, World Literature Today, World Poetry Review,* and *Copper Nickel.*

Maria Nazos's poetry, translations, and essays are published in *The New Yorker, Copper Nickel, North American Review, Denver Quarterly,* and *Mid-American Review,* among others. She is the author of *A Hymn That Meanders* (Wising Up Press) and the chapbook *Still Life* (Dancing Girl Press). For ten years, she has translated the work of Greek poet Dimitra Kotoula. She has received scholarships and fellowships from the University of Nebraska, Vermont Studio Center, and the Sewanee Writers' Conference.

A.E. Stallings is the author of four poetry collections, a frequent contributor to *Poetry* and the *Times Literary Supplement,* and the translator of *The Nature of Things* by Lucretius (Penguin Classics). She is the recipient of fellowships from the Guggenheim Foundation and the MacArthur Foundation, and directs the Poetry Center in Athens, Greece.

This book was typeset in Miasma, designed by George Triantafyllakos for Atypical in 2020 as an attempt to combine the idiosyncrasies of the Apla typeface style of many Greek publications with the strict, upright character of Latin letterforms. The artwork on the cover is a detail from a work by Alexios Mainas. Cover design by Andrew Bourne; typesetting by Don't Look Now. Printed and bound by BALTO Print in Lithuania.

✇✇✇ WORLD POETRY

Jean-Paul Auxeméry
Selected Poems
tr. Nathaniel Tarn

Maria Borio
Transparencies
tr. Danielle Pieratti

Jeannette L. Clariond
Goddesses of Water
tr. Samantha Schnee

Jacques Darras
John Scotus Eriugena at Laon
tr. Richard Sieburth

Olivia Elias
Chaos, Crossing
tr. Kareem James Abu-Zeid

Jerzy Ficowski
Everything I Don't Know
tr. Jennifer Grotz & Piotr Sommer
PEN AWARD FOR POETRY IN TRANSLATION

Antonio Gamoneda
Book of the Cold
tr. Katherine M. Hedeen &
Víctor Rodríguez Núñez

Mireille Gansel
Soul House
tr. Joan Seliger Sidney

Óscar García Sierra
Houston, I'm the problem
tr. Carmen Yus Quintero

Phoebe Giannisi
Homerica
tr. Brian Sneeden

Zuzanna Ginczanka
On Centaurs and Other Poems
tr. Alex Braslavsky

Leeladhar Jagoori
What of the Earth Was Saved
tr. Matt Reeck

Nakedness Is My End:
Poems from the Greek Anthology
tr. Edmund Keeley

Jazra Khaleed
The Light That Burns Us
ed. Karen Van Dyck

Judith Kiros
O
tr. Kira Josefsson

Dimitra Kotoula
The Slow Horizon That Breathes
tr. Maria Nazos

Maria Laina
Hers
tr. Karen Van Dyck

Maria Laina
Rose Fear
tr. Sarah McCann

Perrin Langda
A Few Microseconds on Earth
tr. Pauline Levy Valensi

Afrizal Malna
Document Shredding Museum
tr. Daniel Owen

Manuel Maples Arce
Stridentist Poems
tr. KM Cascia

Ennio Moltedo
Night
tr. Marguerite Feitlowitz

Meret Oppenheim
The Loveliest Vowel Empties:
Collected Poems
tr. Kathleen Heil

Giovanni Pascoli
Last Dream
tr. Geoffrey Brock
RAIZISS/DE PALCHI TRANSLATION AWARD

Gabriel Pomerand
Saint Ghetto of the Loans
tr. Michael Kasper &
Bhamati Viswanathan

Rainer Maria Rilke
Where the Paths Do Not Go
tr. Burton Pike

Elisabeth Rynell
Night Talks
tr. Rika Lesser

George Sarantaris
Abyss and Song: Selected Poems
tr. Pria Louka

Seo Jung Hak
The Cheapest France in Town
tr. Megan Sungyoon

Ardengo Soffici
Simultaneities & Lyric Chemisms
tr. Olivia E. Sears

Paul Verlaine
Before Wisdom: The Early Poems
tr. Keith Waldrop & K. A. Hays

Uljana Wolf
kochanie, today i bought bread
tr. Greg Nissan

Ye Lijun
My Mountain Country
tr. Fiona Sze-Lorrain

Verónica Zondek
Cold Fire
tr. Katherine Silver